内向的な人のためのスタンフォード流ピンポイント人脈術

竹下隆一郎
ハフポスト日本版編集長

内向的な人のためのスタンフォード流ピンポイント人脈術

「人脈モンスター」が活躍する時代は終わった

生まれてからずっと、極度の「人嫌い」であることが、私の悩みでした。

たとえば、親友の結婚式に行くのが億劫で、スーツに着替える気になれなかったことがあります。ネクタイやワイシャツは私にとって、「人と会う」ことに直結するアイテムです。一度身につけたら最後。そのまま式場でたくさんの人と話をしないといけないと思うと、朝着ていたTシャツとチノパンを脱ぐこともできませんでした。

しかし、せっかく招待されたのに、行かないのも申し訳ない。そう思った私は、Tシャツとチノパンのまま式場に出向き、ロビーでずっと待っていました。そして結婚式が終わった後、会場から出てきた親友にこっそりお祝いを伝え、そのまま帰ったのです。

何度か会ったことがある彼の両親にも一言だけ挨拶しましたが、あきらかに顔が引きっていました。今思い出しても、人としてあってはならない「最低の行動」です。

この話を人にすると、「根暗なの？」とよく言われます。

でも実は、大学生時代は飲み会や合コンにも1ヵ月に3、4回は行っていました。外から見ると、人並みに社交的な人間に見えていたと思います。しかし、それも友達づき合いの延長線上でのこと。心の底から「行きたい！」と思ったことはありません。

私は一人で居ることが好きな「内向的な」人間です。暗い部屋から一歩も出ず、本をじっくり読むのが学生時代の楽しみ。外に出るときも一人で街中をうろうろして考えごとをするのが性に合っていました。

そんな私は、活字に関わる仕事に就きたいと思い、大学を卒業後、朝日新聞の記者になりました。

しかし、記者は人と会うのが仕事のすべて。ノーベル賞受賞者などの世界的な著名人から、殺人事件の聞き込みで突然チャイムを鳴らして話しかける一般の市民の方まで、ありとあらゆる人が取材の対象になります。

14年間の新聞記者時代で、何千人もの人と会って貴重な時間を頂き、一生懸命取材をしてきました。それでも、ずっと変わらず、苦手なことがあります。

それが、「人脈」づくりです。

私は朝日新聞社を２０１６年に退社し、直後から「ハフポスト日本版」というインターネットニュースメディアの編集長をつとめています。社員数が４５００人の朝日新聞をやめて、社員が30人にも満たない会社に転職したのも、そのほうが人嫌いな自分には合っていると思ったからです。

ところが、ハフポストで編集長として働くなかでも「人脈」を築くことは記者時代と同じか、むしろより強く求められるようになったことに気付きました。

普段のインタビューや企業取材に「人脈」は欠かせません。たとえば仕事柄、「ネットワーキング・パーティ」にもよく呼ばれます。様々な業界の人が集まって名刺を交換したり、人を紹介しあったりするメディアの人間にとっては貴重な場です。

しかし、どれだけ初対面の人たちと談笑をしていても、話の内容が深く頭に入って来ないのです。人脈をつくらなければ、と思ってはいるのですが、早く家に帰って風呂に入り、コンビニで買ったハイボールを飲むことばかり考えてしまいます。

一方、**メディアの世界には「人脈モンスター」と私が勝手に呼んでいる人たち**がいます。名刺入れをパンパンに膨らませ、出会った起業家や広告代理店の人に話しかけまくり、会合が終わったあとも、街中に飲みに行って「人脈」を築く、あるメディアの編集長。彼のFacebookには当日の深夜1時、酔っ払って数人でカラオケをする様子が投稿されていました。

また、先輩の新聞記者は自分の名前を大きく書いたネームプレートをぶら下げて警察署を回ったという噂があります。とにかく名前を覚えてもらい、仲良くなることで次々と秘密の情報を聞き出したそうです。メディア業界に限らず、ビジネスのあらゆる現場にもこういうタイプの人がいるのではないでしょうか。

毎晩のように会食を入れる人、手当たり次第に名刺を配る人、上司から引き継いだ名簿をそっくりそのまま維持しようとする人、あるいは片っ端から「偉い人」とつながろうとする人。彼らの姿を見て、「よくやるよ」と負け惜しみの言葉を口にしている自分がいました。

一方で、**「この人嫌いをなんとかしなければならない」「もっと外交的な人にならなければならない」という焦り**もずっとありました。

その課題は、結局いつまでたっても克服することができません。

しかし、最近私は**「人脈モンスター」たちが活躍する時代はもう終わりを迎えている**と気づきました。その理由となった時代の変化が2つあります。

まず1つ目は、TwitterやFacebookといったSNSの発展により、個人が組織に頼らなくとも「本当に会いたい人」と人脈を築きやすくなったからです。

以前は、「人脈モンスター」たちのように何人かの人と会食やゴルフを重ね、時間をかけて信頼を勝ち取り、そこから紹介を経て、「本当に会いたい人」への接触がようやく可能となりました。

また、かつては誰と誰がつながっているかは非常にわかりにくく、人脈は外から見ると「不透明」でした。相手がポロッと口にしたことから思わぬコネに気づくこともしばしばで、その「一言」を逃さないように、私の知人の広告代理店の営業部長は、終電まで飲み続けていたと聞きます。

ところが、今はSNSのメッセンジャーやDMで直接「会いたい人」に連絡をとることができます。また、Facebookの友達欄によってコネクションが可視化されています。最短距離で「本当に会いたい人」とつながることが可能になったのです。

2つ目は、インターネットの登場やテクノロジーの進化によって、個人が一人でできることが格段に増えたからです。

たとえば、これまでのビジネスにおいては、新しい商品を開発するため、技術者やマーケティング担当者だけではなくて、営業や広報の社員も巻き込み、何人もの上司や取引先への根回しや調整が不可欠でした。かつては多くの人の力を借りないと仕事が進められなかったのです。

もちろん今もそういう面はありますが、今はTwitterのアカウントがあるだけで、メディアを使わずに宣伝ができます。資金集めだってクラウドファンディングでできてしまう時代です。さらに、副業をすることで、個人でありながら仕事で生かせる得意分野が2つも3つもある人が増えてきました。

つまり、多くの人とつながらなくても、一人、あるいは少人数のチームで仕事が進められるようになったのです。

このように時代は大きく変化しています。

そして、「人脈モンスター」になるよりも、大事な少人数の個人と、熱量がある「深い関係」を結んでいた方が、仕事も生活も楽しめて、結果を出せる時代になったのです。

人脈モンスターの時代が終わった

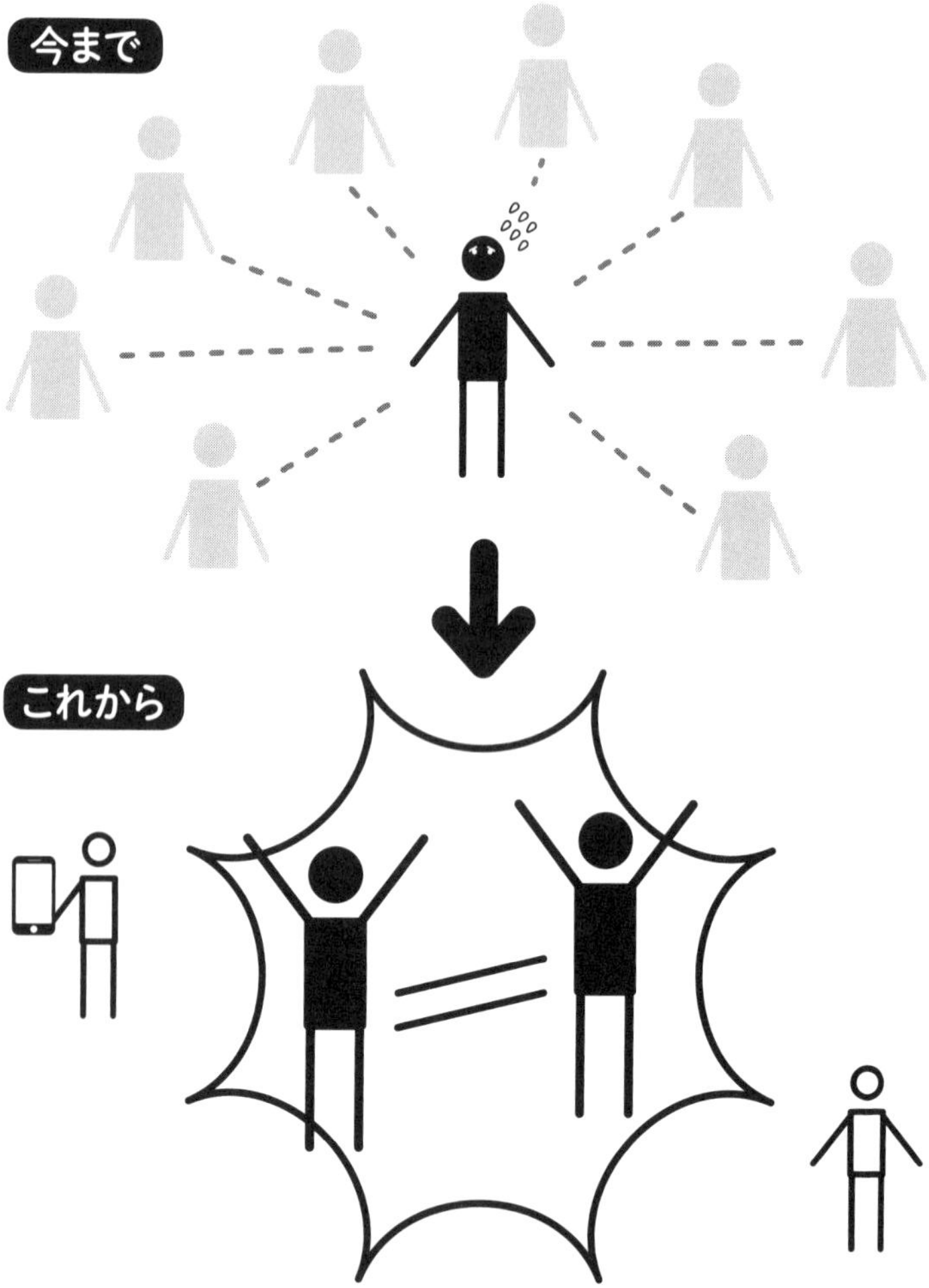

多人数ではなく「本当に会いたい人」に
ピンポイントでつながる

そうした時代に必要な人づき合いの形を、私は「ピンポイント人脈」と呼んでいます。

私は人嫌いです。これはもう、どうしようもありません。

しかし、私のように、一人で時間を過ごすことが得意な「内向的」な人であっても、何人かの「好きな人」はいます。むしろ**自分と向き合っている時間が長い分、内向的な人ほど自分の「好きな人」は直感的にわかる**はずです。社交的ではなくても、「ピンポイント」で人とつき合うことはできます。

また、外のつき合いだけでなく、家族ともじっくりと向き合うことが大切な時代になってきました。

女性記者が約20%しかいない伝統的な新聞社や通信社と違って、私が働くハフポスト日本版は女性が過半数を占めています。そして、女性も男性も、家庭と仕事の両立を目指しています。

そのためにも、長時間労働が当たり前だったメディアの働き方や生き方をゼロから私たちは見直し、人とつき合う方法を徹底的に考え抜いています。それは、記者や編集者に限らず、ビジネス担当者や技術のメンバーも同じです。

私は自宅では家族とふれあいながら静かに過ごすことで、「内向的」な自分の時間を大切にしています。

人づき合いが苦手でも良い。

誰ともつながれるSNSが広まったからといって、みんなとつながらなくてもいい。

「人脈」という、得体の知れないものを追いかけるよりも、自分の内面とじっくり向き合ったほうがいい。

限られた好きな人たちとピンポイントでつき合っていくだけで、うまくいくと私は確信しているのです。

こうした「ピンポイント人脈」の考え方は、30代で日本とは違う人づき合いに触れたアメリカのスタンフォード大学に留学したときの個人的な経験に大きく影響されています。

本書では、まず1章で「なぜ内向的な人がピンポイント人脈で活躍できるようになったのか」について詳しく解説します。

そのうえで2章では「スタンフォードで学んだピンポイント人脈のつくり方」を7つの人脈術として紹介します。3章では「ピンポイント人脈術」を日本のビジネスの現場で応用する方法とともに「3つのメリット」について話します。最後の4章では実践編として、つながるべき「好きな人」を見極め、交流をして、ピンポイント人脈をチームにする方法について書きました。

「気が合いそう」と思う人。

心の底から好きな人。

そういう人とだけ、深くピンポイントでつき合おう――。

最後に、本を読み終えたあなたが、「そうだ、あの人となら、つながっていたい」と思ってくださるならば、これ以上の喜びはありません。

CONTENTS

2章 内向的な人のためのスタンフォード流「7つの人脈術」 83

3章

ピンポイント人脈がもたらす3つのメリット

CHAPTER

1章

内向的な人が活躍できる「ピンポイント人脈」の時代

インターネットでは、コミュニケーションの当事者——一つひとつのコンピュータ——が勝手に始めたことが、そのままインターネットの上での活動になります。つまり、地球上の二つのコンピュータさえ合意すれば、すぐその場で自由に全く新しいことが始まる可能性があるのです。

村井純『インターネット』

PINPOINT

現代の4大潮流「人脈の『逆ピラミッド』化」「動きまくる個人の出現」「会話の高速化」「『家の中』の過ごし方改革」

私が編集長を務めるハフポストはニューヨークで生まれ、世界十数カ国に展開するインターネットニュースメディアです。日本だけでも月間2000万人に記事を読んでいただいているので、あらゆる情報が24時間常に飛び込んできます。

働き方、女性やLGBTQ、海外の文化と日本の違いなどに関する記事を大事にしていて、取材では、できるだけ多様な方とおつき合いしています。

メディアの編集長を担うことの忙しさと、自分の内向的な面のバランスを取りながら働いているうちに、私は世の中の「ある変化」に気づきました。

「はじめに」で書いたように、現代は昔と比べて、肩書きや地位などに関係なく、個人として人脈をつくることが簡単になりました。それどころか、SNSにより「つながりたくなくてもつながってしまう」時代です。

人脈モンスターにとっては一見願ったり叶ったり。外向的で、誰とでもすぐつき合える人ほど人間関係がどんどん広がり、力を持っているようにも表面的には見えます。

そんな現代がなぜ、「内向的な人こそ活躍できる時代」と言えるのか。

そして、「ピンポイント人脈」とは何なのか。

「好きな人」とだけつながっていて、本当に仕事はうまくいくのだろうか――。

そのような疑問に対する答えを、この1章で詳しく説明していきます。

まず、なぜ人脈モンスターではなく、内向的な人が活躍できるのか。

日本社会に起きている4つの潮流について話したいと思います。

そのキーワードは、

①人脈の「逆ピラミッド」化
②動きまくる個人の出現
③会話の高速化
④「家の中」の過ごし方改革

です。順に説明していきます。

PINPOINT

潮流①「人脈の『逆ピラミッド』化」

トップより「現場の社員」に情報が集まっている

まず初めに「逆ピラミッド」について説明します

「逆ピラミッド」という言葉を紹介しているのが三菱商事やマッキンゼー・アンド・カンパニーなどで仕事をして、アメリカのハーバード大学でも学ばれた、経営コンサルタントの岡島悦子さん。

彼女は著書『40歳が社長になる日』（NewsPicks Book）などで、ハーバードビジネススクールのリンダ・ヒル教授の言葉を引用して、「逆転のリーダーシップ」という言葉をよく使います。これは、イノベーションを起こし続けている世界の約２００社のうちの代表的な12社の特徴を表したキーワードです。

岡島さんによると、これまでの組織においては、ピラミッドの最上位にリーダーがいて、顧客と近い場所にいる現場社員の情報を吸い上げつつ、圧倒的なビジョンを示して会社を引っ張ってきました。

一方、**これからのリーダーシップは、顧客に一番近い現場の人たちが顧客と対話しながら需要を共創し、それに基づいてリーダーが意思決定をする**、という構図に変わるというのです。

つまり、今まではリーダーと現場、顧客の立ち位置が逆転する。それを「逆ピラミッド」と岡島さんは呼んでいます。

そして私は組織だけでなく、「人脈」においても同じような逆転の構図が起こっていると感じています。

たとえば、このような話をイメージしてください。

ある飲料メーカーのマーケティングやＰＲを担当する部長さん。

逆転のリーダーシップ

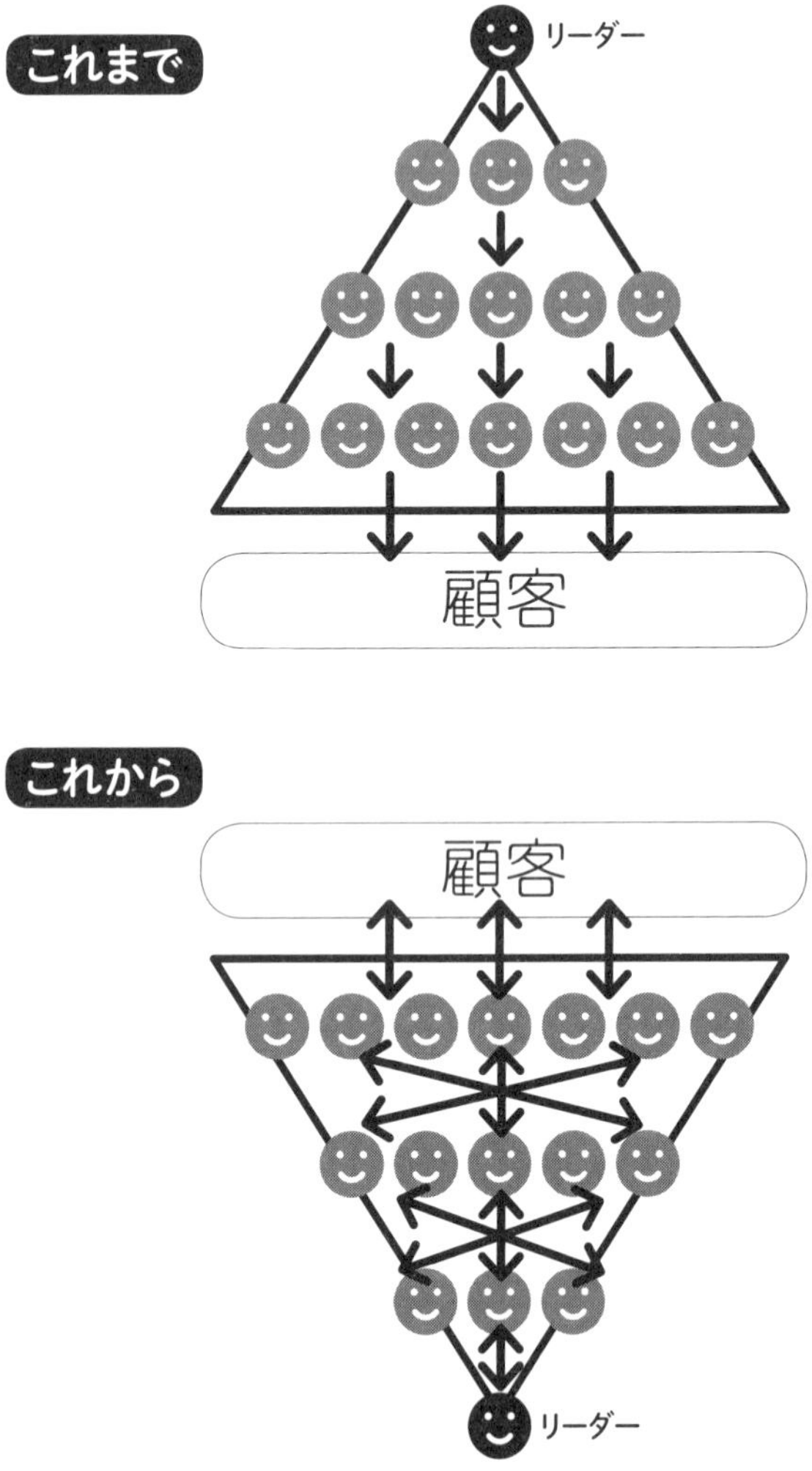

（岡島悦子『40 歳が社長になる日』「逆転のリーダーシップ」をもとに著者が作成）

新商品の発表を前にとても悩んでいます。若い消費者に新しいタイプのお茶をアピールするため、今まで組んだことがない企業といっしょにPRイベントを開きたい。でも、良い提携先が浮かばない。

この部長さんは、マーケティングやPR業界で30年近くの経験があります。

そこで、今まで培ってきた人脈をフル活用すべく、古い名刺を引っ張り出したり、業界のキーパーソンとの飲み会やゴルフを繰り返したりして、何とか提携先を探します。

前任の部長から引き継いだ「業界の有名人リスト」も駆使して知恵を借りようとするも、出てくるアイデアはお決まりのものばかり。このままだと担当役員を失望させる。自分の出世もここまでなのか……と不安ばかりが募ります。

途方に暮れていたところ、ある若手社員がスマートフォンを持って一言。

「僕、この人とつながっていますよ」

画面に映し出された写真とプロフィールを見ると、大手自動車メーカーの幹部の

Facebookページ。スマホをスクロールしていくと、ほかの企業との提携イベントなどの写真や投稿であふれ、相当なキーパーソンであることが分かる――。

部長はびっくり。そして一言。

「すごいじゃないか！　なぜ、彼のような人を知っているのだ。すぐ会わせてくれ」

この若手社員は、部長も驚く「ピンポイント人脈」を築いていたのです。

しかし残念なことに、このように**古いピラミッド型の組織では、下のほうにいる若手社員のアイデアをピラミッドの頂点にいる経営陣がすくい取る仕組みが少ない**のが現状です。

人脈の築き方も、これまでは重役同士が関係を結ぶ日本経済団体連合会に代表される経済団体、ゴルフクラブの会員同士の集まり、上司からの人脈の引き継ぎなどによって、「偉い人」と「偉い人」が役職に応じてつながるのが一般的でした。

しかし、昔は考えられなかったような、思わぬ「若い人」が「偉い人」とつながることが増えているのが今の時代です。

会社の中にいることが多い役員よりも、フットワークが軽い若手社員の方が、顧客と直に触れ合い、様々な人たちと出会い、新しい情報を持っている可能性は大いにあります。

その分、斬新な提案も思いつきやすいのです。しかし、その有益な情報がピラミッド型組織の下の方で停滞しているというのが日本企業の課題です。

「肩書きの壁」が消えた逆ピラミッド時代の感覚をつかむ

先ほどのエピソードは、私の知人の実話を元にしています。彼は30代の飲料メーカーの社員。デジタルマーケティングのイベントで大手自動車メーカーの幹部と知り合い、Facebookで連絡を取り合ううちに仲良くなったそうです。

彼が参加したイベントのように、今の時代は企業のキーパーソンが自分達のノウハウを惜しみなく語るイベントが毎日のように開かれています。そこに来る人たちも、業界の垣根を越えた多種多様な人たちです。**会場で話しかければ肩書きに関係なく、誰とでも仲良**

くなれます。

この知人も、社内では目立った存在ではありません。むしろ内向的なので会社の飲み会には行かないし、取引先での営業中も緊張のあまり、言葉がうまく出てこないこともあるそうです。

それでもこの自動車メーカーの幹部とは不思議と馬が合い、いろんなことを教えてもらっています。

それにしてもなぜ、この自動車メーカーの幹部は、異業種の若手社員が参加するようなイベントに顔を出していたのでしょうか。

実はこの幹部もたまたま私の知り合いだったので、話を聞くことができました。

彼は2年ほど前から、積極的に業界外の若い人とつき合うようにしているそうです。その理由は、「MaaS（マース）」を意識しているから。MaaSとは、自動車を所有することなく、バスや電車などの公共交通を含めて、利用者が使いたいときだけに移動手段を使う未来のモビリティ「サービス」のことを指します。

やがて運転手がいなくてもロボットが運転する「自動運転車」が街中を走る未来がやってくる。家で寝っ転がりながら、スマホなどの端末に目的地を入力すれば、迎えに来てくれる。そんな世界のことを語るときに聞く言葉です。

自動運転車に乗り込めばハンドルを握らなくてよくなるため、人間はやることがなくなり、車の中はお茶を飲んだり映画を観たり仕事をしたりする空間に生まれ変わります。そうなると自動車メーカーもこれまでと違った業種の人と連携してビジネスをすることになるでしょう。

彼は、その未来を見すえて、他業種の若者と会っているのです。

このように、ありとあらゆるビジネスが業界の壁を越えて発展する現代では、組織のピラミッドがひっくり返り、人脈も入り乱れてダイナミックに交流し合うようになっています。

「タテ・ヨコ」にとらわれない人脈がビジネスを加速させる

しかし、こうした「逆ピラミッド型」の変化を大企業は見落としがちです。

大手自動車メーカーのあるCEOが経済メディア「プレジデントオンライン」のインタビューで次のように語っています。

「最近の若い社員の中には、直属の上司が話にならないと思うと、いきなり飛び越してその上の部長や担当役員にまで直談判しにやってくる人がいます。それでは秩序が乱れてよくありません」

この発言に、私も含めて多くのネットユーザーは衝撃を受けました。このCEOの発言に戸惑いを隠せない読者もいました。

この自動車メーカーはかつて名門企業でした。しかし近年は「リコール隠し」や「燃費不正」などの不祥事が続きました。

その原因として、上司の顔色を気にするあまり、不正を指摘できなかったり、新しい挑戦に足踏みしたりする「大企業病」があるのではないかと私は思っています。

このCEOの発言に違和感を持った人もいたのは、「直属の上司を超えて話をしてはならない」という発言があまりにも前時代的だったからではないでしょうか。

新しいアイデアを思いついたり、組織のおかしな点に気づいたりすることは若手社員だってあるはずです。先ほどから見てきたように、むしろ末端の社員にこそ情報が集まっているし、業界のキーパーソンとつながっていることだってあります。

何か大事な情報をつかんだとき、直属の係長や課長に言っても伝わらない場合、さらに上の管理職に話を持って行くことは、特にベンチャーやIT企業ではよくあることです。

そうしたダイナミックで柔軟な働き方を、「社内秩序」を優先するあまり、否定してしまっては、いつまでたっても日本の大企業は変わりません。

ついでに言うと、このインタビューでは、隣の席に座っている人に対してメールを打つ若いＩＴ世代の社員に対して、批判的な言葉も並んでいました。
「メールは相手の顔色や表情を見ないで行うコミュケーションのため、一方通行で、人間関係が希薄化する」というのがこのＣＥＯの主張です。

この発言には私も違和感を感じました。
私は普段Slackというツールを使って部下とコミュニケーションを取っています。Slack はＬＩＮＥのようなサービスで、仕事のメッセージや電子ファイルをスマホで送り合うことができます。それだけでなく、コメントに対しては絵文字でリアクションを返すことも可能です。プロジェクトごとにグループをつくり、社外の人をそのグループに招待する場合もあります。

このようなツールをうまく使うことにより、直接会って話すだけの人間関係よりも、複雑で濃い関係を醸成することができると私は思っています。

そして、社員が同僚や上司、さらには取材先や取引先とまで、様々な形態でつながり、もはや誰と誰がつながっているのかわからないぐらい、蜘蛛の巣のような人脈があちらこ

Slack でコミュニケーションをとる

・絵文字などでリアクションを返せる
・社外の人もグループメンバーに入れる
☞ **複雑で濃い人間関係をつくれる**

ちらにできているのが今の世の中ではないでしょうか。

まずはこうした「逆ピラミッド型」の人脈が世の中に広まっていることを押さえる必要があります。

つまり「人脈モンスター」のようにとにかく偉い人たちを狙って接近し、コネを持つことに意味は薄くなりました。それよりも、**自然に出会う人のなかで、ピンポイントな人間関係を築くことが重要な時代**です。そのためには、自分がどんな人間であるか、自分がいま何を考えているのかを相手に伝えなければなりません。

先ほど挙げた飲料メーカーの30代社員が、自動車メーカーの幹部とピンポイントでつながったのも、イベントで会ってお互いの意見を交換し、その後Facebookでもやりとりを続けていたからです。

潮流① 人脈の「逆ピラミッド」化

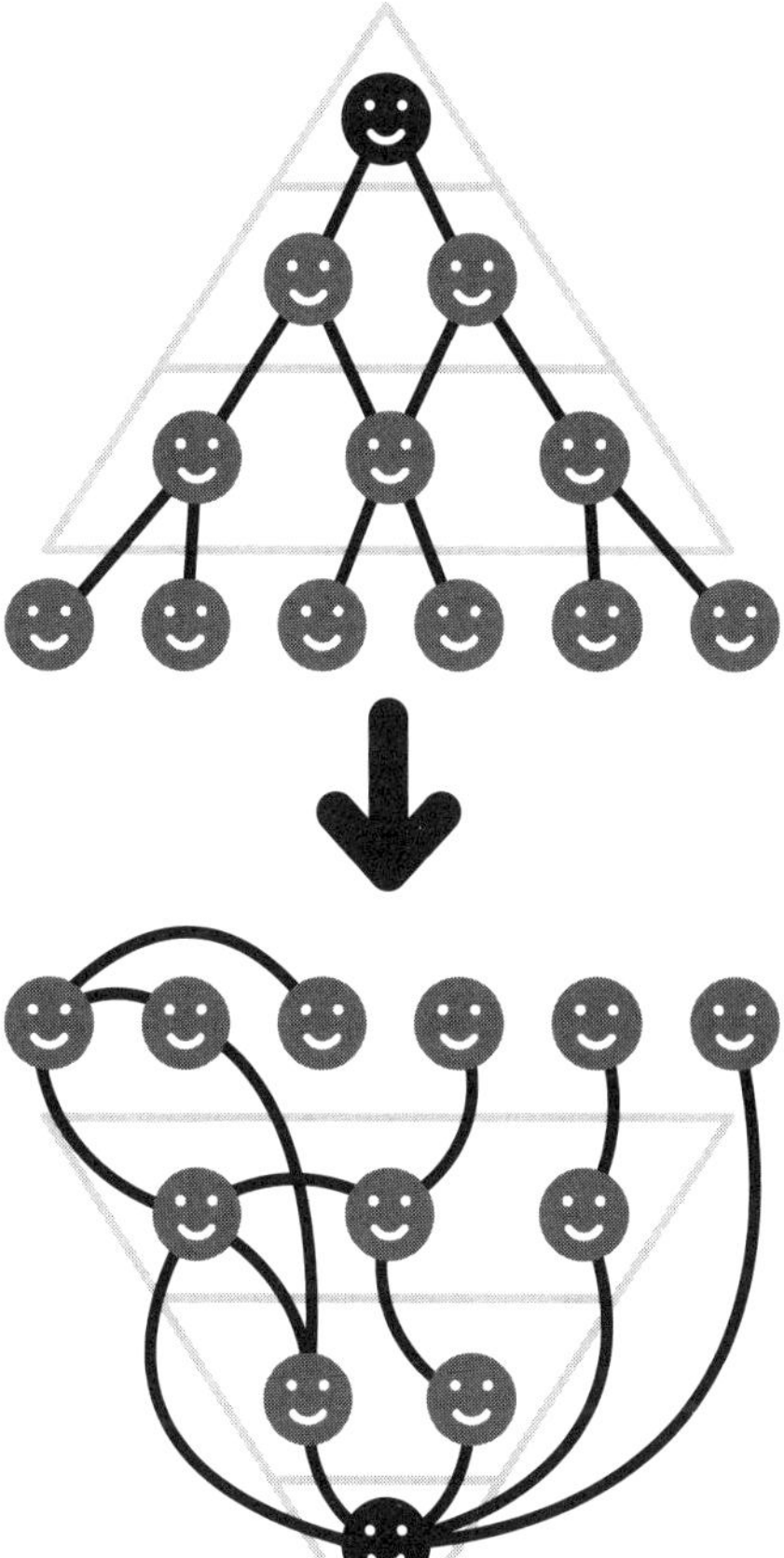

業界・肩書きを越え、
様々なつながりが生まれる時代

PINPOINT

潮流②「動きまくる個人の出現」

個人の黄金時代がやってきた

「逆ピラミッド」に続いて、2つ目の潮流は「動きまくる個人の出現」です。

インターネットが大きく変えたことの一つは、「個人の力」を飛躍的に上げたことです。

今の時代、ネットにつながっているスマートフォンがあれば多くのことができます。

外向的な人も、内向的な人も、人づき合いが得意な人も苦手な人も、人脈を築く手段は、これまでと比べて限りなく「平等」になりました。編集者の竹村俊助さんは「人脈の民主化が起きている」と主張してしまいます。


個人の力が強まった、というと起業家や一人の力でバリバリ稼ぐ著名ブロガーなどの活躍を想像しがちです。

たしかに彼らはインターネットがあったからこそ、大企業など古い組織に所属せずにビジネス界のスターとなり、時代を築き上げました。

しかしながら、「個人の力が強まった」という現象の本質は、弱い人も強い人も、個人としての能力を生かすチャンスがより平等になり、「フラット」になったということなのではないでしょうか。

アメリカの「TIME」誌は2006年、年末恒例の「今年の人(パーソン・オブ・ザ・イヤー)」に、読者の顔がうつる「鏡」をイメージしたデザインを表紙にして、「YOU(あなた)」を選びました。

それまでは著名人らを「今年の人」に選んできた同誌。ところが、ネットによって情報の受発信ができるようになり、もはや特定の誰かではなく一人ひとりの「普通の個人」が世界を動かす時代になったことを10年以上前に指摘しました。

その後、FacebookやTwitterなどSNSの普及によって、個人のパワーはますます強まっています。

「今年の人」に「YOU」が選ばれた

TIME　Person of the Year: You　Dec. 25, 2006
(http://content.time.com/time/covers/0,16641,20061225,00.
html?fbclid=IwAR0_f_uywv2APV5x9dU0RTce_hMxnMX2NFO1nEXiNXsCme4eOD
FaaOcfo2s より引用)

ネットによって「普通」の個人が
世界を動かす時代になった

爆発的に大きくなった「個人のパワー」を生かす時代

個人のパワーが強くなったことを象徴する一つに、「クラウドファンディング」というサービスがあります。

個人がいままでにない新商品をつくろうとしたり、お店を開きたかったり、あるいは、震災で傷ついた子どもたちや貧しいホームレスのための施設を建てたいと思ったところで、大きな予算と権限を持っていたり、お金持ちでない限り、実現するのは困難でした。

ところが現在は、Makuake、Readyfor、CAMPFIREなどのクラウドファンディングサイトに、自分が実現したいことを書き込み、写真や動画などをつけて発表するだけで資金集めができるようになりました。有名でなくても、偉くなくても、普通の個人が世の中を変えるようなプロジェクトを成功させられるのです。

また、「普通の個人」がブログやTwitterなどで発信することは当たり前になってきました。個人のこうした発信力を生かした「アンバサダー・マーケティング」という新しい広告戦略も注目されています。

たとえば、外資系ＩＴ企業のデルは「デル　アンバサダープログラム」を立ち上げました。デル製のパソコンなどが好きな一般消費者を新製品の体験会に呼び、その様子をＳＮＳなどで投稿してもらうことによって、ＰＲにつなげています。

今や普通の個人がまるで芸能人のように、企業にとって大事な発信力や影響力を持つようになっているのです。

「接待」では人脈の維持ができなくなった

個人のパワーが高まったのと平行して、「行動力」も飛躍的に上がったのが現代です。

個人の行動力の点で、大きく変化しているのは副業です。

フリーランスの総合支援を手がけるIT企業ランサーズの調査（2018年版）によると、どこかに雇用されながら、フリーランス等で別の仕事をする「副業系すきまワーカー」と呼ばれる人が、日本で454万人いるそうです。「副業フリーランスの経済規模」は、2018年は2015年の約3倍の7・8兆円にもなりました。

副業市場がこれほど成長している背景には、政府の「働き方改革」の影響もあります。しかし、本質はネットの発展だと私は思います。

ネットがあれば、自分で物を売ることもできます。書くことや絵を描くことが得意なら、ネットで注文を受けて、企業の広報誌を手伝ったり、ロゴデザインを制作したりすることもできる。週末はパソコンを使って作曲し、ネットを通して楽曲を販売する人もいます。

本業とは別に、一人でいくつもの仕事を持つ個人が増えてきました。

私も仕事柄、多くの方と毎日のように名刺交換をしていますが、2枚目や3枚目の名刺を差し出す人が多くなっていると感じます。話を聞くと、業務委託で違う仕事をやっていたり、NPOを手伝ったりしているというのです。

また、一度名刺をもらってから1ヵ月や2ヵ月後に同じ人に会うと、まったく別の名刺を渡されることも増えました。転職をして、別の会社に行ったからです。

ハフポストも外資系のネット企業ということもあるのでしょう。アメリカ本社の人もどんどん転職して、担当者が代わります。

あるとき、アメリカ本社の編集部やビジネス部門から、5人の幹部が来日したことがあります。

どの人も重要なポジションについていたので、日本の編集部のことを良く思ってもらおうと、私は日本式の「社内接待」をしました。和牛レストランや天ぷら屋に連れて行きましたし、いくつかの寺院も案内しました。「東京の築地市場の朝の風景が見たい」と夜遅くに言われたときは、編集部の有志で次の日早起きして、朝5時半ごろ市場へ行き、いっしょに寿司を食べました。

しかしせっかくの「接待」にもかかわらず、数ヵ月後には、5人のうち4人が転職や退職でハフポストからいなくなってしまったのです。

このように**個人の力が増大し、「行動力」も活発になっていくと、組織のなかで人間関係を維持するのも一苦労**です。

一人と向き合ったとしても、その人がいくつもの職業や役職を持っていたら、「3、4人」とつき合っているのと同じです。その上、転職や起業などで、会社から離れる人が増えるとしたら、得意先の人と中長期的な人間関係を維持するのも難しくなってきます。

それだけ、個人の行動力が高まった結果、「○○社の■■部長」など会社の名前や肩書きを前提として相手とつき合うことの重要性が低くなってきているのです。

口べたな人が数人規模のイベントを開いても、熱量が伝わる

個人のパワーが高まった現象としてもう一つ、誰もがイベントを開きやすくなったこと

が挙げられます。

ＳＮＳの登場によって集客しやすくなっただけでなく、参加者の名簿を管理したり集金が簡単にできたりするサービスも増えました。

毎日のようにカフェやイベントスペースで様々なジャンルのイベントが開かれています。その結果、大企業の幹部から有名な起業家まで、昔だったらアポをとることすらできなかった人と簡単に会うことができ、話せるようになりました。

10年前だったら、普通の個人がイベントを開くということは夢のまた夢だったでしょう。しかし、街中に出て声を張り上げてチラシを配らなくても、Twitter に文章を投稿するだけで、イベントの告知や集客はできてしまいます。実際に参加者と会う当日まで、誰とも会わず、部屋の中で一人で準備を終えることも可能です。

開催することのハードルが下がった結果、イベントも多様化しました。

地域のグループやイベントの企画ができるネット上のサービス「Ｍｅｅｔｕｐ」の日本版の立ち上げメンバーでもあったメディアコンサルタントの市川裕康さんによると、ここ数年で、ありとあらゆる理由で他人同士が集まることが日本でも増えたといいます。

仕事の終わりに縫い物をするイベントから、コーヒーを飲みながらプログラミングについて語り合う場まで、興味がない人からすると「誰が来るの？」と思ってしまうようなニッチなイベントでも、ちゃんと人は集まります。

そして、**会場の熱量は１００人規模の集まりでも、数人のイベントでも変わらない**そうです。むしろ昔のように、来場者数ばかりを追い求めて、客寄せパンダのようなタレントさんを呼んで開く企業主体のイベントより、主催者自身が、個人的に興味のあるテーマをわずか数人の参加者に対して共有する集まりの方が長続きし、行動を変える原動力になるといいます。

英語の雑誌を喫茶店で読む数人の集まりに参加してから、英語が得意になり、なおかつそのグループで出会った人に仕事の相談をするようになった人など、実例は枚挙にいとまがないそうです。

会社の名前や肩書きに頼るのではなく、個人の力で動き回れるようになった時代。

内向的な人ほど、自分が本当にやりたいことに向き合い、一人でも実行しています。その結果、個人の力を最大限に発揮し、活躍できる機会が多くなったのです。

潮流② 動きまくる個人の出現

ブログやSNSの発信により普通の個人が影響力を持った

転職や副業があたりまえになり「行動力」が高まった

イベントが多様化し、熱量ある数人で集まるようになった

PINPOINT

潮流③「会話の高速化」

これまで人脈をめぐる4つの潮流のうち、①「人脈の『逆ピラミッド』化」と②「動きまくる個人の出現」を見てきました。3つ目は「会話の高速化」です。

変化する時代のスピードを意識して人間関係をつくる

朝日新聞社の渡辺雅隆社長が「LINEを使ってない」と発言してメディア業界で話題になったことがあります。渡辺さんはインタビューでLINEについて聞かれて、次のように答えています。

僕は、正直に言うと、使っていないですね。それはいろいろ理由がありまして、たとえばLINEは、家族のLINE（グループ）はあるけれど、入れてもらえないとかですね（笑）。なぜか、疎外されているんです。また、ＬＩＮＥをやっているのを見ていると、しょっちゅう返さなければいけないみたいで、面倒くさそうだなというのがありますね。

このインタビューはひとりを楽しむメディア「ＤＡＮＲＯ」の編集長の亀松太郎さんによるＢＬＯＧＯＳの記事です。亀松さんはフェアなジャーナリストです。デジタル部門の強化をしようとしている企業のトップである渡辺さんが、ＬＩＮＥを使ってない――。そんな発言だけを載せてしまうと、渡辺さんが批判されると分かったのか、きちんと真意を聞こうと続けて質問をします。

亀松：渡辺社長自身がFacebookやＬＩＮＥを使ってみて、感覚としてつかむというのはないですか？　紙の新聞も手に取って読んでみないとその良さがわからないと思います。Facebookで読む朝日新聞、ＬＩＮＥで読む朝日新聞は、それぞれのプラットフォームで見てみないとわからないと思うんですが…。

渡辺：それは、そういう面があるのかもしれません。ただ、正直、あまり時間もなくてですね。いま、日々、精一杯という感じなので（苦笑）。

（2016年3月2日　BLOGOSより引用）

LINEやFacebookなど個別のサービスを使っているかどうか、一見すると、それは組織のリーダーの資質を考えるうえで、あまり関係ないことのように見えます。インタビューをした亀松さんに後日聞いたところ、渡辺社長の揚げ足をとるために質問をしたわけではなかった、と言います。私も、企業のトップが必ずしもLINEを使う必要はないと思います。時代とともにツールは変わるものだし、日本を代表するような大きな会社を動かしていくためには、ネットだけに頼らない情報収集をもとにした大局的な視点も求められるからです。

亀松さんは「日本を代表するメディアのトップは忙しいし、チラチラとスマホを見ているほど暇ではない。ただ、**世の中のサービスを少しいじってみて、情報の流れ方やそのスピードについてどこまで意識しているのか**を確かめたかった」と質問をした意図を語ってくれました。

テキストになっていない会話で、仕事が進む

情報の流れ方が変わり、多くの人は高速で情報を交換しています。

たとえば最近、カフェなどでノートパソコンに向かって声を出して話しているビジネスパーソンを見かけることがあります。Skype や appear.in などネットで動画中継ができるサービスを使って仕事先の人と会話をしているシーンです。

外資系のパソコンメーカーに勤めている知人は、朝早くに海外の上司から「いまからオンライン会議をしよう」と突然言われることが増えたと言います。

30年以上前に海外赴任をしていた商社マンの私の父親は、ファクスや国際郵便でやり取りをしていました。やがてそれがメールになり、いまは直接会話をするネット動画通信が

広まっています。

私もニューヨークの本社から連絡があったり、会ったこともないイギリスの調査会社から「日本の政治経済について教えて欲しい」と会議の依頼が舞い込んで来たりすることもあります。

先日も、本社のメンバーとオンラインの会議をしました。資料もなく、お互い確認したいことを最初の数分で話し合って、あとは思いついたままに会話をするスタイル。会談が終わった途端に次の仕事に向けて動き出しています。

そこには、メールに書いてまとめる時間さえもったいないという意識もあるように思えました。

かつて「書を捨てよ、町へ出よう」と劇作家の故寺山修司が主張しましたが、今ほど書を捨てるのにふさわしい時代はありません。

「座学」より「現場」の大切さは昔からずっと語られてきました。

しかし、こうやって**個人同士が、活字にも落とし込まれていない「生の熱量ある情報」をピンポイントでやりとりしている状況においてはまた別の角度から人と会うことの価値を見つめ直さなくてはいけません。書籍以上の情報が他人の口から語られる**ことが爆発的に増えているからです。

そして、内向的な人ほど、溜め込んできた知識や考え抜かれた視点を持っています。会話による高速な情報交換が行われる現代では、「生の情報」の質が高い内向的な人こそ求められているのです。

潮流③ 会話の高速化

・ネットによりオンライン動画で
会話をすることが増えた
・テキストになっていない「生の熱量ある情報」
が会話で高速にやり取りされる

PINPOINT

潮流④「『家の中』の過ごし方改革」

4つ目の潮流は「『家の中』の過ごし方改革」です。

私は毎月約20冊のビジネス書を家で読みますが、一つ気になっていることがあります。それは**多くのビジネス書が男性中心の目線で書かれがちであり、家族の話が少ない**印象があるということです。

しかし、仕事をするうえで、またピンポイント人脈を築くうえで、自分の家族とのつき合いは避けて通れないテーマです。

長男が生まれた10年前、私は4ヵ月の育児休業を取りました。

妻は子どもを産んだ後も「必ず働きたい」という話をしていました。そのため夫婦で話し合って、私も仕事を休んで妻と一緒に育児をすることにしたのです。その当時、私は今と同じぐらい多忙な新聞記者でしたが、勇気を出して上司に相談してみました。

今でも男性の育児休業取得率は数%とまだ低く、取ったとしても数日で終える人が少なくありません。10年前も、私の行動に対して「せっかくのキャリアを捨てるのか」とストレートに言う取材先の人もいました。知人からも驚かれ、「嫁さんの尻に敷かれているのか」という言葉を投げかけられたときには怒りに震えた記憶があります。

安倍晋三政権は女性活躍や働き方改革、待機児童解消などを打ち出していますが、家族を顧みない、男性中心型社会の「長時間労働」はいっこうに解消されません。

とくにメディアの業界は24時間ニュースが飛び込んでくることもあって、休む暇がありません。

シリコンバレーでは生活と仕事の両立が重視されている

私が35歳のときに留学したスタンフォード大学や周辺のシリコンバレーでは、昼夜を問わず働いている起業家もいましたが、週末は家族とハイキングに行ったりバーベキューをしたりする人も少なくありませんでした。

シリコンバレーでも女性差別や長時間労働が問題になっていましたが、生活と仕事の両立に向けて本気で取り組んでいる企業関係者もたくさんいました。

これからのビジネスパーソンは**基礎的なスキルとして家事や育児を行うことが求められる**のではないでしょうか。

日本の出生数が減少傾向にあり、少子化が進む社会では育児の支援が国家的な課題です。男性や女性に限らず、子育て世代が働きやすい社会にしていかないと、日本経済を支える優秀な働き手が活躍できなくなります。

家族などの生活と仕事を両立することは、単なる個人の生き方にとどまらず、日本の企業が考えるべき課題です。

仕事帰りの飲み会やネットワーキングパーティに行って交流をする「人脈モンスター」たちの大きなデメリットは家庭や生活をないがしろにしている点です。もちろんそうではない人もいるでしょうが、当然ながら人間の一日の時間は24時間に限られています。

ピンポイントで人とつき合うことは、当然ながら交流する人たちの人数を減らすことを意味します。

私たちはつき合う相手をある程度絞ってピンポイント人脈を築かないと、自分自身の「生活と仕事の両立」という課題に立ち向かえないのではないでしょうか。

家族との時間を大切にする「内向的」な人が尊敬される

ここでも「内向的」が一つのキーワードになります。

私はあまり夜のつき合いには行きません。朝日新聞の記者を辞めて編集長に就任してすぐ「飲み会やめよう」という記事を何本も書いてイベントも開き、宴会を社会から減らすためのキャンペーンをしたほどです。

それは、仕事が終わったあと、家族と食事をする時間や子どもの宿題を見る時間を確保したいという個人的な思いがあったから。私は家の中での静かな時間を大事にしています。できるだけスマホやパソコンから離れます。当然仕事が終わった夜や休みの日にも緊急の連絡は来ますが、見る時間を決めて、まとめて処理するように決めています。

自宅では子どもと風呂に入ったり、いっしょにゲームをしたりして、外からの情報をシャットアウトします。人づき合いが苦手な私にとっては、家族水入らずで過ごす時間は安らげる大切なひとときです。「家の中」の過ごし方の改革を日々行っています。

この本では「ピンポイント人脈」の解説は主にビジネスの事例をもとにしていきます。しかし当然のことながら、仕事の現場以外の生活のシーンでも応用可能なことばかりです。仕事場だけでなく、保育園や学校で出会うママ友・パパ友などの人間関係なども含めて、様々な場面を思い浮かべて読んでいただきたいと思います。

外でバリバリ働いているだけのビジネスパーソンはもはや尊敬されない時代です。少子化や女性の働き方が社会全体の課題となっているときに、生活をないがしろにする人は、どこか社会的責任を放棄しているとさえ思ってしまいます。

外向的で開かれた人脈を一時的にシャットアウトして、内向的な自分と向き合い、家庭の中でのゆったりとした時間や家族を含めた生活を大事にする。

そんなビジネスパーソンこそ、新しい社会では求められているのではないでしょうか。

潮流④「家の中」の過ごし方改革

・外でバリバリ働くだけの人は
　尊敬されなくなった
・家事や育児もビジネスパーソンの
　基礎的スキルになった
・家庭でゆっくりと時間を過ごし、
　自分と向き合うことが大切

PINPOINT

自分の心と向き合っている人ほど「ビジネス」に強い

さて、ここまで4つの潮流により人脈の捉え方が大きく変わり、内向的な人ほど活躍できる時代になったということを説明してきました。

「内向的」という言葉を辞書で引くと、「心の働きが自分の内部にばかり向かうさま」と書かれています。類語辞典を引くと、「内気」や「消極」の文字が並びます。

どこかネガティブで暗いイメージがつきまとっている言葉であるのは確かです。

しかしながら、これまで見てきたように、**「暗い」とされてきた目立たない存在が、社会のルールを大きく変えるゲームチェンジャーである**可能性が高まっています。

そもそも、なぜ私が内向的な人ほどビジネスに強いと思うようになったのか。それは、ユニクロを展開するファーストリテイリングの会長兼社長の柳井正さんを取材したことがきっかけです。

尖閣諸島をめぐる対立で、日中関係が悪化していた2012年のこと。

ユニクロをはじめ中国に進出した日本企業にも厳しい目が向けられ、激しいデモが起きていました。ビジネスパーソンとして、そうした反日感情にどう向き合うのかを聞きに行ったのです。

柳井さんは、新しく出店したサンフランシスコの店舗の記念式典で挨拶に立った中国系の市長の話をしました。政治関係が冷え込んでも、経済交流を通して日中関係を維持する大切さの事例だったからです。

柳井さんは熟考しながらゆっくりと話す姿が印象的でした。執務室の机には英語の雑誌やニュースレターが積まれていました。

後ほど関係者に聞くと、柳井さんは、夜のつき合いをあまりせず、仕事を終えると真っ先に自宅に帰ることが多いといいます。そこで本を読み、将来のビジネス展開について徹底的に考え抜いている。

だからこそ、日中関係のようなデリケートなテーマについても深く答えることが可能だったのだと思います。

インタビューの様子から、自分の「内面」と向き合っている経営者だと感じました。

柳井さんは日本を代表する経営者です。そして、私は柳井さんのように、自分の心の中と向き合っている人ほど激動の時代には強いと思います。

自分の仕事や会社にとって何が最善で、自分はどうしたいのか。それを常に考えているからです。

インターネット社会では、嫌でも大量の情報が入ってきます。新聞やテレビを見ない人でも、何気なく見たスマートフォンを通して最新のニュースは入るはずです。

日本だけでなく世界中の情報が自然と手に入る現代では、意識して自分と向き合うことが重要なのではないか。そんなことに気づかされました。

「情報のフラット化」が進み、内面の価値が飛躍的に上がった

内向的な人の方が結果を出せるのではないか――。そのことについて考えるためには、「情報のフラット化」という社会の変化について知るところから始めないといけません。

情報があまりにも手に入りやすくなり、入手をすることの価値が希薄化されたのが「フラット化」という現象です。

2011年の東日本大震災のときに政権の中枢にいた政治家や官僚に取材をしたときのことです。震災当時は「Twitterをよく見ていた」と複数人が証言しました。Twitterには、海外メディアや日本の報道や専門家の知見がうまくまとまっていました。また、重要な情報は自然と多くリツイートされるので目に留まります。

もちろん中にはデマもありました。ただデマと見抜いたうえでその情報に接することは「人々が何に不安を感じているのか」「どんな情報に飛びついてしまうのか」という国民心理を知る意味で重要な情報になります。

特に、当時首相補佐官だった寺田学氏の話が印象的でした。放射能影響予測ネットワークシステム「『ＳＰＥＥＤＩ』（スピーディ）」の存在を知ったのも「Twitterがきっかけだった」と振り返っていました。

日本の安全に関わる大事な情報の「今っぽい」入手経路に大変な驚きを覚えました。

極端な言い方をすると、首相補佐官という日本のトップレイヤーにいる人と、家で寝転がってスマホをいじっている高校生が同じ情報を目にすることができる時代だということです。

重大情報がすぐ手に入り、専門家に会いに行かなくてもスマホがあれば誰もが知識を手に入れられる「情報がフラット化」した社会。

そこでは、一人一人の心の「内面」が情報の最後のフロンティアになりました。個人の心の中にだけは、誰もコピペできない情報が詰まっているのです。

内向的な人ほど心の中の美意識を磨いている

先ほど紹介したユニクロの柳井さんは、心の中の美意識を鍛えている経営者としても知られています。

ユニクロのブランド戦略を担ってきたクリエティブ・ディレクターの佐藤可士和さんとは、常に哲学的な対話を繰り返していると聞きます。

Forbes JAPAN ２０１9年4月号のインタビューによると、柳井さんは最初、佐藤さんと会うのは乗り気ではなかったといいます。「日本には良いクリエティブ・ディレクターがいなかったから嫌々会いに行った」そうです。やがて佐藤さんのセンスやビジネスへの姿勢などに共感するようになり、その後もユニクロが目指す方向性についてとことん話し合ったそうです。

佐藤さんの手によって、ユニクロのニューヨーク進出が成功。昔のユニクロの「手頃なフリースが手に入るカジュアル店」というイメージから、現在の「都会的でグローバルなブランド」へとお客さんの印象が変わるきっかけになりました。

その後も現代アーティストとコラボをした服を発表したり、ニューヨークやパリなど文化の発信地に出店したりしたことで、「フリースを売っているだけのカジュアル店」というイメージからユニクロは脱却しました。

革新的なアイデアは、次の日の売り上げや既存のビジネスだけを考えているような思考の延長線上にはないでしょう。

論理を超えたお互いの内面同士の触れあいこそが未来を切り開く仕事につながります。

また、柳井さんはアートに造詣が深く、美術鑑賞を通して内面と向き合っている経営者です。そうしたこともあり、ユニクロは金曜日の夕方にニューヨーク近代美術館（MOMA）の入館料を無料にする企画も行っています。

私も現地に住むアメリカ人男性と、MOMAの無料入館日に行ったことがあります。そこでユニクロは、アートを通してニューヨーカーの心をつかんでいるように思えました。もちろんこの男性は柳井さんと会ったことはないですが、柳井さんやユニクロに対して大きな共感を抱いているのは手に取るように分かりました。

日本企業が海外進出を成功させるためには現地のお客さんの支持や理解が不可欠です。そしてそれは、派手なＣＭを流したり、安売りキャンペーンを実施したりすることではなく、お客さんの内面に訴えかけるセンスにカギがあります。

一見矛盾することですが、自分の世界を広げるためには、まず自分の内面の深いところに潜り込むことが必要です。

深ければ深いほど、自分の中のオリジナルな考えや情念がクリアになってくる。そしてそれを誰かにぶつける。お客さんに届ける。

柳井さんと佐藤さんのように、内向的で考えを深めている人ほど、ビジネスで結果を出せる時代になったのです。

内向的な人がビジネスに強い理由

①情報のフラット化

誰でもすぐに知識を手に入れられるようになった

☞ **心の内面の価値が高まっている**

②心の中の美意識を磨いている

オリジナルな考えや情念がクリアになっている

☞ **相手にぶつけることで**
革新的アイディアが生まれる

PINPOINT

内向的な人だからこそ、ピンポイントで深い関係をつくれる

この人が「好き」という感情を大切にする

ここまでは、時代の4つの潮流をおさえ、内向的な人の強みを説明してきました。

さて、いよいよここからは、内向的な人が築くべき「ピンポイント人脈」とは何かについて解説します。

私はネットメディアの編集長として、少しずつ新しい人と会うようにしています。

そのときに大切にしているのは自分の「好き」という感情です。もちろん恋愛感情における「好き」とは違います。

一言でいうと「**直感的に一緒にいて心地よい**」と思うかどうかです。

身も蓋もないですが、シンプルにいうとピンポイント人脈の要点はそれだけです。

逆に言うと、ちょっとでも「合わないな」と思ったとき、私は心を開きすぎないようにしています。無理に深くつき合ってもストレスになるだけだからです。

きっとあなたにも、苦手な人とつき合ってきた経験はあるはずです。

そんなとき、「偉い人だからつながっておかないといけない」とか「将来お客さんになるかもしれない」「大事なコネを持っているかもしれない」などと思ってしまい、無理に仲良くなろうとしてうまくいかず、かえって不安になってしまうことがあると思います。

私もかつてはそう思っていました。その気持ちは非常によくわかります。

一度不安になると、強迫観念が生まれて、無理に関わろうとしてしまいます。そうすると負のスパイラルに陥ります。

「苦手」「不安」という感情を押し殺してつき合おうとするから、会話がますます表面的になる。そして、押し殺しているはずの感情も、案外相手に伝わってしまうものです。

ドライな関係が重視されるビジネスの場でも、私たちが人間である限り、論理やエビデンス、データなどの客観的な情報だけで成り立つわけではありません。

個人的な主観、あるいは感情の影響をゼロにすることはできない。

これは企業のトップにも見られる傾向です。経営者に取材をしたり、会ったりしていると、大事な決断であればあるほど、個人的に好きなほうのビジネスや好きな人との協業を選ぶことが少なくないように見えます。

経営者が決断しないといけないことは、単純な比較ができないことが多く、たいていは、選ぶのが難しい。選択肢のうちAもBも良いように思えて判断がつかないからこそ、経営者が最終的な判断を下すともいえます。

日本の経済の成長が伸び悩み、かつての大手企業が苦戦を強いられている時代では、過去の慣習はまったく役立ちません。

「判断がつかない」ことは経営者でなくても、普通の会社員やフリーランスの人でもたくさんあるのではないでしょうか。

理屈だけで判断できないような先行きの見通せない社会では、**最後に影響するのは本人の非常に個人的な決意や思い**です。それはつき合う人に対しても同じで、ビジネスの現場でも「好き」という感情は避けて通れないのです。

「苦手な人」と我慢してつき合っても意味がない

「感情が大事だ、好きな人とだけつながればいい」という意見はビジネスの場面では通用しないのではないかと思われるかもしれません。

何を生ぬるいことを言っているのだ。

「好き」という子どもっぽい発想では厳しいビジネスの世界を生き残れない。

苦手な相手ともつき合うのがまともな社会人なのではないか――。

そんな声が聞こえてきそうです。

たしかに、我慢が必要な場面もあるかもしれません。
しかし、そうした「我慢」や「忍耐」が絶対的に必要なものであり、１００％「正しい」とされてきたのは、これまでの社会が「硬直化」していたからではないでしょうか。

かつての日本では、仕事は同じ会社の仲間や、同じ業界の人との関係で成り立つことが多い傾向にありました。仕事でつき合う相手を選べない分、たまたま同じ会社に入った同僚や上司とうまくやり過ごす必要がありました。
また、新規ビジネスも短期間でどんどん出てくるわけでなく、昨日と同じような仕事を今日もこなしていることが当たり前の時代でした。

そのため、決まった取引先と長期の関係を結ぶことが得策でした。だからこそ個人的な感情をグッとこらえてでも、組織の論理に従うことが「正しい行為」だったのだと思います。

しかしながら、すでに書いてきたように、インターネット以降の社会はとても「流動的」になっています。転職や起業、複業なども一般的になり、会社の仲間や上司はどんどん入れ替わっていくし、外の人ともつながりやすくなりました。

「この人は苦手だな」と我慢するよりも、「この人といると楽しい」と思える人とつながって、仕事を進めることがより簡単になったのです。

また、現代は新しい企業が次々と生まれ、歴史のある大企業でも競争に勝ち残るために、「新規ビジネス」を考えるプレッシャーにさらされています。

苦手な上司や業界の有力者と我慢してつき合うのではなく、むしろ、社外や社内の「変わり者」と仕事をしないと厳しいビジネスの世界では生き残っていけないようになりました。自分の中にある常識や既存のビジネスから一歩飛び出していかないと新しいアイデアに出会わないからです。

苦手な人に対して「無関心でいる勇気」をもって接する

もちろん「この人は苦手だな」と思うからといって、会社の外に追い出すわけにはいきません。合わない上司や同僚と毎日顔を合わせることも避けられません。社外の苦手な人とも、仕事で関わらないといけない場面もあるでしょう。

そういうとき、私は相手を「電車の駅の自動改札」だと思うようにしています。電車の改札は毎日通るものです。定期券代わりの電子交通カードや切符をかざさないと一日が始まりません。生活を支える大切な存在ですが、もちろん改札を好きになったり嫌いになったりはしません。

合わない人とのつき合いは、それと同じです。

「電車の改札」のイメージは、人のたとえとしては、少し失礼にあたり、あまり適切ではないかもしれません。ただ、これだけ価値観が多様になり、なおかつ人の入れ替わりも激しい社会になってくると、自分と合わない人が職場や学校など近くにいる確率は格段に上がります。

合わない上司の良いところを探そうとする人がよくいますが、かえってストレスになってしまいます。私の知人は、上司の小言にじっと耳を傾けて、その中から何とか納得を得られるフレーズを探して無理やり自分の学びにつなげようとしていましたが、かえって疲弊して休職してしまいました。上司を好きになれない自分を責めていたのです。

それは良い悪いではなく、人間がより個性的になり、より動き回るようになって、価値観が違う人と出会いやすくなったという社会の変化で避けられるものではありません。

そんなとき、「無理に人に合わせる」のは非常に難しく、それぞれがうまく「共存する」ことのほうがより大切になってきます。

共存するためのコツは、やや冷たく聞こえるかもしれませんが、無関心でいる勇気なのです。

あとはこの本の中で繰り返し伝えていくメッセージでもありますが、「好きな人」を大事にしましょう。半ば逆説的ですが、会社や組織の内外でちゃんと「好きな人」とつながっているだけで、近くにいる「苦手な人」のことが気にならなくなります。

会社で嫌なことがあっても、自宅に帰って家族の顔を見るとホッとするという経験は多くの人にあると思います。そういう場所があれば、たいていのことは気にならなくなったり、仕事をもう一踏ん張りできる活力になったりします。

そのような「心理的安全」が得られる場所を、仕事の現場でもつくることは、これからの社会を生きていくうえで必須です。

上司にダメ出しをされても、理解してくれる先輩が側にいるだけで受け止め力はまったく違います。自分が提案した企画を何度はねつけられても、先輩が企画の書き直しをサポートしてくれるとわかれば、ストレスも減るでしょう。

つまり、**好きな人を見つけることは、これまた、自分とは合わない人と「共存」するコツ**でもあるのです。

心の声と向き合えば「ぴったり」好きな人を見つける

どうやって人を「好き」になったら良いのか、あるいは「好き」だと分かる瞬間はいつなのか。ここでも大事なことは「内向的」であることです。

私は新聞記者時代も、いまのハフポスト編集長時代も、忙しさで目が回るような毎日です。10分単位で判断しないといけない難しい決断も多く、最新の情報もどんどん入ってきます。

それでも、私は一人でいる時間をなるべく確保するようにしています。

そして、必ず悩む。他人が引くぐらい内向的になって、悩む。とにかく自分の心の中の深いところまで入り込む。

アポの時間までのわずかな時間などの仕事のスキマ時間や、風呂の時間などは、たとえ15分でも30分でも、とにかく自分の感情と向き合います。

外交的で人と交わるのが好きな「人脈モンスター」たちのように外で頑張るのではなく、内向的な私は、自分の心の中で頑張っているのです。

だから、私は自分の感情に関してはプロフェッショナル。

その日にうれしかったこと、喜んだこと、ムッとしたことや、悲しかったこと、すべてにおいて自分がなぜそう思ったのかを考え抜きます。

朝、子どものためにご飯を用意したときに、目玉焼きがうまく焼けず、おまけに火傷までしてしまった。あれほど言っておいたのに、子どもが宿題をやらずに言い訳ばかりをしている。ちょっとイライラしてしまいますが、たまたまコーヒーを飲みに行った喫茶店で店員さんが「おはようございます」と気持ち良いぐらいの大きな声で挨拶してくれて前向きになれる。

そんな小さな心の変化にも、空いた時間にじっと目を閉じて向き合うのです。

日頃から自分の小さな感情の一つ一つと向き合う訓練していると「好き」に敏感になれます。それが、「ピンポイント人脈」において最も重要な要素です。

さらに「好きな人」をどう見つけるのか、「好きな人」とピンポイントでつながるにはどうすればいいのかについては、次の2章から詳しく説明します。

ピンポイント人脈

・直感的に「一緒にいて心地よい」と
思った人とだけつき合う
・苦手な人に対してはあえて無関心でいる

2章

内向的な人のためのスタンフォード流「7つの人脈術」

ハナシ（話）というものは、実に実に大切なものです。どのぐらい大切なものか？　それはハナシというものの封じられた人生を、よく考えてごらんなさい。

徳川夢声『話術』

PINPOINT

スタンフォード流「じっくり考える」人のためのピンポイント人脈術

第2章では、私がスタンフォード大で学んだ、ピンポイントで人とつながる方法について「7つの人脈術」としてお伝えしたいと思います。変化が激しい時代。仕事でも、勉強でも、家庭生活でも、大切な人とのつながりがきっとあなたを支えてくれるはず。

一般的なビジネス書に記されているような難しいことはできるだけ書かず、誰もが日常生活で使える「ちょっとしたコツ」を中心にお伝えしたいと思います。

私がスタンフォード大学の客員研究員として1年間を過ごしたのは、ハフポスト日本版の編集長になる直前、２０１４年から２０１５年のことです。社会人を10年以上経験し、

34歳のときでした。

スタンフォード大学があるシリコンバレーはＩＴの聖地。Google、Apple、Facebook、Twitterなど世の中の仕組みをひっくり返してしまうようなＩＴ企業がひしめきあっています。

私はキャンパスを飛び出して、シリコンバレーのネットワークに入り込み、メディアの新しいビジネスにつながるようなキーパーソンを一人でも多くつかまえようと張り切っていました。


空港に降り立った瞬間からやる気に満ちていましたが、最初に襲われたのは絶望感です。大きな山脈がいくつも連なっているような、複雑に入り組んだシリコンバレーの人脈に歯が立たないと思ったのです。

投資家、起業家、大学の研究者、学生、金融関係者、エンジニアなど手当たり次第に会っていきましたが、どれだけの人に会っても、深い森の中にどんどん入っていくような途方に暮れる気持ちになりました。

しかしながら、数ヶ月たったとき、あることに気づきました。私自身がそのときは手当たり次第に人に会うだけの「人脈モンスター」になっていたことに。そして、どうやらこの土地はそのやり方では攻略できないと気づきました。

シリコンバレーの強みは、大手ＩＴ企業や次の世代を担うエンジニアたちが日夜、新しい技術を開発し、資金集めをして会社を立ち上げようとするダイナミックさだけではありません。

その中心に研究拠点であるスタンフォード大学がどっしりと構えていることに、もう一つの強みがあったことに気づいたことがブレイクスルーとなりました。

スタンフォードの学生たちの中には起業家志望が多くいましたし、キャンパスには大物経営者や著名なエンジニアが出入りしていました。

ただ、そこには慌ただしさはなく、ゆったりとした時間が流れていました。20以上の図書館があり、学生はじっくりと勉強し、本もよく読んでいる。朝から一人で散歩やジョギングをして、静かに自分と向き合っている学生もいました。社会人の学生とも多く交流したのですが、一度仕事やキャリアのことを忘れて、黙々と勉強をしていました。
そして学ぶと同時に、**なぜ勉強をするのか、どうすれば世界は良くなるのか、そして自分は何のために生きているのか、という問い**に対して真剣に向き合っていました。

「卒業後は手っ取り早く起業して大金持ちになろう」という学生もいたのかもしれませんが、少なくとも私が出会った人たちは違いました。シリコンバレーでは、「じっくり考えること」（大学）と、「スピード感を持って手を動かすこと」（IT企業）の両方が、まるで車の両輪となって、地域全体を動かしていたのです。

内向的な人ほど、物事の本質をつかんでいます。そしてそういう学生ほど教授や経営者から尊敬を集め、交流を深めていました。また現地で会ったGoogleなどのIT企業社員や起業家たちも、金儲けだけではなく、「社会を良くする方法」や「理想的な会社のあり方」などについて、哲学的ともいえる深さで考え抜いていました。
最先端にいるほど自分の内面と向き合っているんだな、と感じたことが私の1年間の最大の気づきでした。

「人とのつながりが大切」なのは、シリコンバレーでも同じなのですが、「名刺を配りまくること」とは決定的に違う人脈術があることに気づきました。

PINPOINT

人脈術1 まずは7人の「好きな人」を見つける

サンドイッチの具を選ぶ訓練で、厳しい世界を生き抜く

スタンフォードの授業では、多くのことを学びましたが、もっとも大事な教訓は**「世の中には、多くの『正しい答え』があるが、最後は自分で選ばないといけない」**というものです。それは、ビジネススクールのスーザン・エシー教授の授業で学びました。彼女はマイクロソフトなどの民間企業で働いたり、仮想通貨業界に携わったりしており、学問とビジネスの両方を知っている人でした。

講義のテーマは「プラットフォームビジネス」。具体的には、オンライン書店として始

まったAmazon、ネットで衣料品が買えるゾゾタウン、ネット通販の楽天などの企業のビジネスを指します。

プラットフォームビジネスの特徴は、「力を持ったお客さんが複数いる」ということです。たとえば楽天は、商品を買う一般消費者が「お客さん」です。しかし、出店料をもらって稼ぐという意味では、ネット上に商品を並べている小売店も「お客さん」です。

どちらのお客さんの利益も大事にしないといけないのがプラットフォームビジネスの難しい点です。たとえば、サイトのトップページにできるだけ多くの店が商品を並べたとします。もちろん、出店をした小売店側は喜びますが、その分ページの情報量が増え、一般消費者はごちゃごちゃしたページで物を買うことを嫌がるかもしれません。

「ネットビジネスの登場によって、人と人、企業と企業がマッチングされるモデルが増えてきた。その分、それぞれの『正しいこと』と『正しいこと』が衝突しあう場面が今後多くなってくるのではないか」とエシー教授は指摘していました。

彼女はとにかく「ケーススタディ」を授業で多用していました。実際の企業の悩みを紹介し、みんなで考えるタイプの授業です。

たとえば、オンラインの通販サイト。物を出品する店舗が、商品の写真をサイトに載せたい場合、その掲載料は無料にするべきか。

サイトに載せる料金が無料だと店側はどんどん写真を載せて、サイトはカラフルになってデザイン性が高まります。しかしその場合、サイトを運営する企業は、写真掲載料を取るのと比べれば、収入が減ります。

短期の利益の減少をとるのか、サイトのデザイン性が上がって長期的にブランドが向上することを選ぶのか。どちらを選択したとしても、おそらく答えとしては両方とも「正しい」のが難しいところです。では、どちらを選ぶか。

答えのない教授の授業は、いつも白熱していました。

その中でも、彼女の「サンドイッチの具」発言を私は忘れられません。

「もしみなさんがビジネスの世界に行かれるのなら、本当にどちらが正しいか分からなくて悩むときがあるはずです。そのときは、好きなサンドイッチの具を選ぶように、自分の直感を信じたほうがいいのかもしれません」

私は、なぜかその言葉をノートに書き留めました。

「正しさは人それぞれ」という彼女の教えと通じるところがあったからだと思います。

ちょっとした雑談かジョークだったのでしょう。

それでも、授業の終盤で彼女が言ったこの一言は、「ピンポイント人脈」を身につけるうえで重要なメッセージとなります。

「正しいこと」よりも「好き」の感情を大切にする

ベストセラー「ストーリーとしての競争戦略」の著者として知られる、一橋大大学院の楠木建教授（経営学）も、「経営者のエネルギーの源は『好き嫌い』だ」ということを語っています。

経営判断や新規事業のアイデアに関して、それがビジネス的に成果を挙げるかどうかの

「正解」を私たちは求めがちです。しかし案外、成功の秘訣は経営者の「好き」という気持ちなのかもしれません。

楠木さんは『「好き嫌い」と経営』という本で、63ページにも登場したファーストリテイリングの柳井正会長兼社長に触れています。話を聞くうちに、柳井さんはとにかく「デカい商売が好き」だということが楠木さんには伝わってきたそうです。

その楠木さんの議論を読んだとき、最初はとても幼稚に思えました。経営者はそうした個人的な感情に流されず、より精緻なビジネスモデルやマーケット予測に基づいて経営判断をするべきだと私は考えていたからです。

しかし、よく考えてみれば、新しい企業が画期的な事業プランをひっさげて登場し、経済のプレーヤーや勢いがあるマーケットが時々刻々と変わる時代に、そうした「ビジネスモデル」や「予測」はかつての意味を失っているのかもしれません。

それに、そもそもビジネスモデルや予測の熟知は、経営者であれば誰もがやっていることでしょう。

そうすると、**本当の意味で他社と差別化できるのは、経営トップの理屈抜きの情熱や、厳しい人生の様々な修羅場を通して鍛え上げた「好き」という感情**なのではないでしょうか。「好き」という感情ほど尊く、深いものはないのではないか。そう思うようになりました。

『「好き嫌い」と経営』ではビジネススクールの授業に使われている、興味深いケーススタディが紹介されています。

投資銀行に勤めている女性が主人公です。彼女のルームメートは別の金融機関で働いているのですが、ある日帰宅して「うちの銀行が、あるビジネスから撤退しそうだ」という内部情報を主人公の女性に打ち明けます。「これは他の人に言わないでね」と注意もつけて。

主人公の女性の投資銀行にとって、これはかなり価値ある情報です。ルームメートの金融機関がそのビジネスから撤退すれば業界全体に影響があります。そこで、撤退話を上司に言うかどうか迷います。

伝えれば、間違いなく勤めている投資銀行は経済的損失を避けられる。

一方、そうするとルームメートが情報源であるとバレてしまい、友人が処分の対象になるかもしれない。友人を取るか、仕事を取るか。「正しいこと」と「正しいこと」はいつもぶつかり合います。

こうした選択肢において、客観的な基準で選択することはできません。自分の価値観や生き方にもとづいて決断しないといけない、ということを示した例です。

一見、『好き』をはじめ自分の価値観で経営判断をしたり、決断をしたり、ましてや「人を選ぶ」ということはどこか不遜な態度のようにも思えます。

ただ、「サンドイッチの具」ではないですが、**好きに基づく選択は、ある意味もっと日常的に考えるべきものだし、日々鍛えることが**できます。

サンドイッチの店をたくさん知っていて、日頃から自分の好みと向き合っている人ほど具の選択する力が磨かれます。

卵サンドが何よりも好きな友人が私にはいますが、彼女は卵の種類から一緒にあえるマヨネーズの甘さまでをも判断基準にしてサンドイッチを選んでいます。そこまで日々考え抜いているからこそ「卵サンドが好き」ということが、自信をもって言えるのでしょう。

いろいろ理屈をつけるより、「好き」の感情を鍛えることで判断基準をもった方がいいと私は考えています。

まずは7人の好きな人を意識する

さて、私は人づき合いが苦手ですが、サンドウィッチの具の話を聞いてから、「この人、なんかいいな」「バイブス（気分や波長など）が合うな」と思った7人程度の人とは、きちんとした関係を結ぶようにしています。

もちろん好きな人との関係はたくさん結んだ方がいいと思います。しかし私の経験上、まずは7人から始めるのがちょうどいいのです。

何度かお伝えしてきたように、今の時代は個人がパワーを持っています。副業をして、情報発信力をメディア並に持っている人もいます。

ひと前昔だったら3、4人分の人生を一人で生きている人も少なくなく、つき合うにはそれなりの覚悟も必要です。

つまり、「本当に好きな人」とでないと長続きしません。

一度つき合ってつながれば連絡し合うことが頻繁になります。思いつきのメッセージがFacebookやLINEで来ることもあるでしょう。遊びに行った場所やランチで食べた料理など細かい日常生活に関する情報も入ってきます。これからは転職や起業がより一般的になるでしょうから、人生の決断の相談を受ける人も増えるはずです。

そうなったとき、たとえ話ですが、ツナサンドや野菜サンドより「絶対に卵サンドが好きだ」というぐらいの確信がないと、ピンポイント人脈で関係を築いた人とちゃんとつき合うのがしんどくなります。

7人の好きな人をみつける

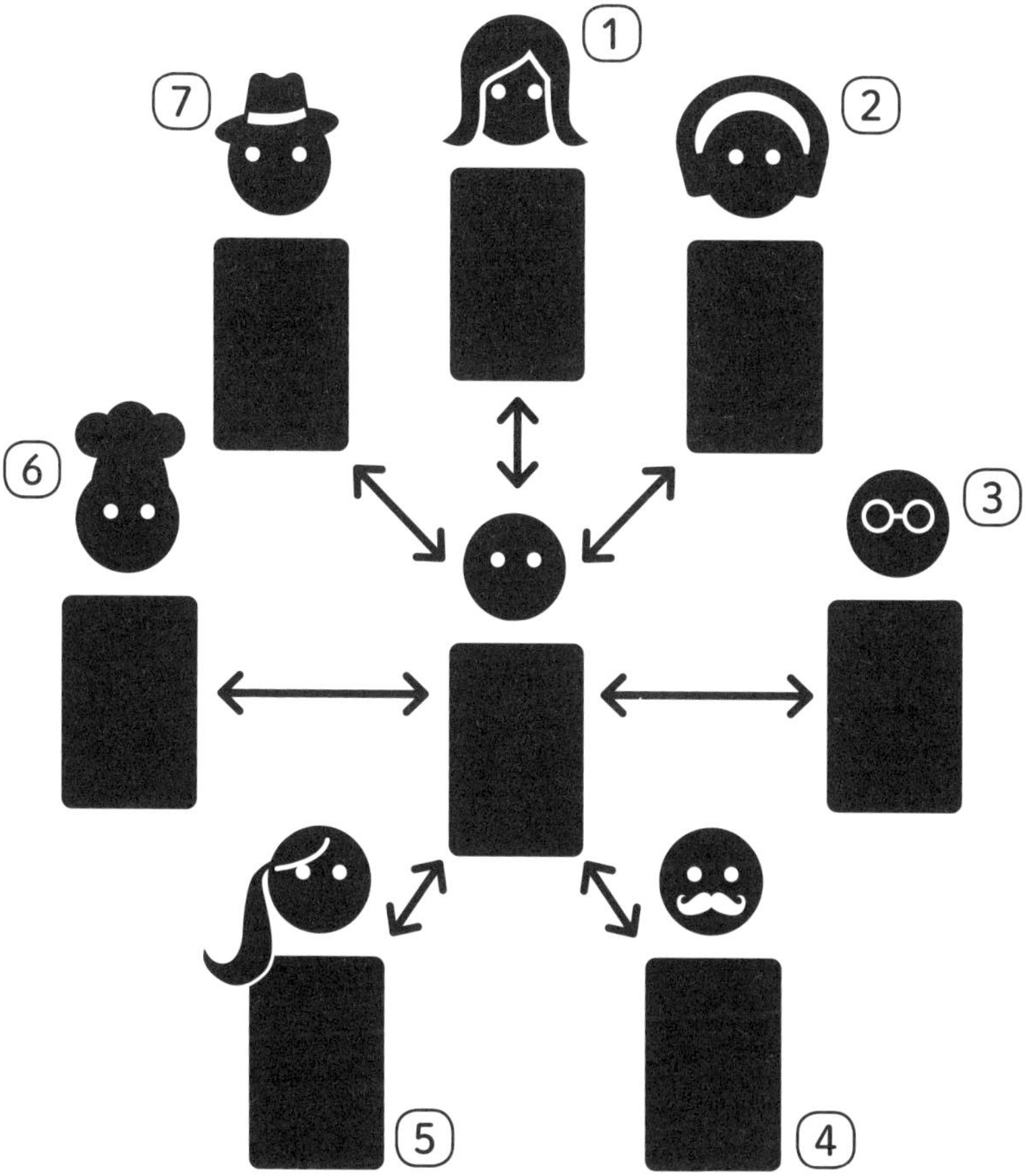

「好き」に基づく選択を鍛えて、
7人の好きな人とだけつながる

だからこそ、最初は、**サンドウィッチと同じで、まずは自分が好きなものとは何か、好きな人とは誰か**、そういうことと向き合った方がいいのです。メモを取り出して、7人の「好きな人」を書き出してみて下さい。どうしてその7人なのか。改めて連絡を取ってみて会話をすれば自分自身のことが分かると思います。

PINPOINT

人脈術2「うん、でもね」「そうは言っても」を口にする人は相手にしない

「NO」と言いつづけても意見は出る

スタンフォード大では、演劇の手法を使ったおもしろいワークショップにも出席しました。これも「サンドウィッチの具」と同様、今でも役立っていることの一つです。

教科書やプリントは一切ない特徴的な授業でした。まず担当の講師が60人ぐらいの生徒を10のグループに分けます。グループ内で話し合わせる時間もつくらず、いきなり、あるひとつのグループを前に立たせて、「即興」の寸劇をやらせるのです。

グループの6人のうち1人が「オピニオンリーダー」役に任命されます。この人だけは発言内容にルールが課せられます。残り5人で、パーティの準備を進めるというのが内容です。みんなが見ている前で、「3パターンの劇をやるように」という指示が飛びます。最初のパターンは、オピニオンリーダーが何を聞かれても「NO（嫌だ）」と言う、というルールが決められます。

「今度の週末に、パーティをやりましょう」と講師が呼びかけるところから劇が始まります。

いきなりのことで最初は戸惑うオピニオンリーダー以外の5人。彼らはじっと考えていたのですが、やがて恐る恐る、誰かが声をあげます。

「パーティの料理は寿司にしよう！」。

ちょっと照れくさそうにその人は言いました。すかさずオピニオンリーダーは、講師の指示通り「NO（嫌だ）」と言うのですが、途端に教室は笑いに包まれました。

「わかった、だったら寿司はやめにして、ピザパーティをやろう」。オピニオンリーダーの拒否反応に負けないように、5人は「寿司」ではなく「ピザ」をパーティの食事として提案することで代替案を探り始めました。

「嫌だ」と再びオピニオンリーダー。またしても講師の指示通り、拒否をしてしまいます。教室に一気に落胆の声が漏れました。

「そうか、だったら、ハンバーガーはどう？　うちにバーベキューセットがあるから、それを持ってきて焼こう」。

「嫌だ」

「うーん、ハンバーガーも嫌いか。だったらホットドッグにしよう」

「嫌だ」

どれだけ提案しても拒否をするオピニオンリーダーの態度に対して、だんだんと5人はイラついてきました。

「タコスが良い」とか「フルーツが良い」とか「お酒がないからオピニオンリーダーは嫌がっているのではないか。だったら僕がビールを持ってくるよ」などいろんな意見が矢継ぎ早に出てくるのですが、いつまでたってもオピニオンリーダーの意見が覆ることはなかったのです。

最後はみんなの怒りもピークに達して、「だったら、食べ物はいらないから、みんなでとにかく集まってお喋りしよう！」と叫びます。

これには「NO」と言わないといけないリーダーも思わず笑ってしまいました。

まずは「いいね」と言ってみる大切さを学ぶ

休む間もなく、講師が「2つ目のパターン」の演劇に入ることを宣言しました。

今回のパターンにおいて、オピニオンリーダーは、どんな意見に対しても、「YES（いいね！）」と言わないといけないルールになりました。

これだとやりやすそう、という空気が広がります。

お決まりの「さあ、週末に寿司パーティをやろう！」という言葉に対して、すかさず「いいね！」とリーダーが口を開きました。

先ほどとは打って変わった姿勢に、みんなも盛り上がり、「いいね、やろう、やろう」

と大声を出し始めます。

「寿司は、スーパーでも売っているけど、日本人の友達が、家では手巻き寿司パーティをやるって言ってた。自分達でつくるのはどう？」

「いいね！」とリーダーが返しました。

「私の友達に日本から来たばかりの子がいて、その人の家には寿司桶があった。それで酢飯をつくるんだって。その子も呼んでいい？」

「いいね！」

「あ、だったら俺は材料を買いに行くよ。魚や海苔。日本食スーパーが家の近くにある。生の魚介類が苦手な人のためにアボカドも買っておこう」

「いいね！」

「楽しくなってきた。せっかくだから、寿司を食べながら自分達の研究テーマをシェアをする会合にしない？　ちょっとした勉強会にもなるよね」

「いいね！」

劇はどんどん面白くなり、講師の人が途中で止めないといけないほどでした。

本当に困るのは「いいね、でもね」という曖昧なリーダー

「ＹＥＳ」の劇が終わったあとは、いよいよ最後のパターンの演劇を行うことになりました。それは「ＹＥＳ、ＢＵＴ（いいね、でもね）」とリーダーが必ず言うパターンでした。先ほどの「いいね」の劇でテンションが上がったのか、みんなに勢いがあったことを今でも覚えています。


「さあ、週末に寿司パーティをやろう！」

同じ呼びかけから劇が始まりました。

先ほどと違うのは、オピニオンリーダーが「いいね、でもね……」と言うことです。

「でも、何？」とみんなが語りかけました。

オピニオンリーダーはもじもじしながら、「いや、でもね、寿司は、僕は好きなんだけど、苦手な人もいると思うんだ」とつぶやきました。

メンバーも負けてはいません。１回目の劇で「ＮＯ」と言われ続け、免疫ができていたからなのか、粘りが違うように私は感じました。

「わかった、だったら、苦手な人向けにアボカドを加えよう」

「いいね、でもね……」とリーダー。

「今度は何？」

「アボカドが嫌いな人もいると思うんだ。そういう人たちに対してはどうする？」。リーダーの態度が煮え切りません。

「あなたは寿司が嫌いなの？」

「いや、『いいね』って言った通り、僕は寿司は賛成なんだけど。あくまで、いろんな意見を尊重したいので……」


会話は永遠と続きそうなのですが、何だかみんなどんよりし始めます。不思議と「NO」と言われ続けていたときのほうが、笑いもあり、盛り上がりました。

こうやってウジウジと言われるといったい反対をしているのか賛成をしているのか、オピニオンリーダーの本心がわからずにイライラとするのです。内面がわからないと人は不安になります。教室を嫌な空気が包んでいったのを今でも覚えています。

私にとっては、この3つのパターンのうち、やはり「YES、BUT」が最も衝撃的でした。

先ほど紹介したように「NO」のときは、当初の予想と違って、ホットドッグやハンバーガーなどパーティの食材の色々な「代案」が出てきました。演劇として観ている分には面白かったし、「YES」とはまた違う形でアイデアも出てきました。

一方の「YES、BUT」。一見、オピニオンリーダーが賛成するのですが、「後付け」で色々言われるため、説得する方も意地になって、どうしても「寿司」にこだわってしまいます。会話がどんどん、小さく小さく閉じ始め、話が大きく「展開」していかないのです。

周りにいる「YES、BUT」人間とはつき合わない

私は今でもビジネスでは「YES、BUT」型の人とはつき合わないようにしています。こちらの言うことを一瞬だけ受け入れてくれるのですが、あとから「留保」をつけて

「いいね、でも……」と言う人を相手にしない

賛成・反対がはっきりすると新しい意見が出せる

賛成・反対がはっきりしないと、
本心がわからず会話が小さく閉じる

くる。もちろんビジネスにおいては慎重さも必要ですし、多様性が大事な現代では、様々な「注意点」を頭に入れておくことが大事でしょう。

しかし、それだったらはじめから「NO」と言ってくれたほうがマシです。賛成した「フリ」をされるのが一番困る。日本語だと「うん、でもね」「そうは言っても」「とはいえ」を口にする人のことでしょうか。

スタンフォードのワークショップについては、私の独自の解釈です。もちろん「YES、BUT」を言わざるを得ないときもビジネスの状況によってはありますが、新しいアイデアを話し合うときなどは言わないように気をつけている言葉のひとつです。

PINPOINT

人脈術3 名刺交換せずに会話をはじめる

名刺に書いていない情報で親密度を高める

私がスタンフォード大にいた2014年から2015年の間、多くの日本人がシリコンバレーに出張や転勤で来ていました。その中には、安倍晋三首相も含まれています。日本の総理大臣として初めてのシリコンバレー訪問でした。ここ数年で、日本から注目され始めた地域の一つなのです。

当時の在サンフランシスコ総領事館の資料によると、シリコンバレーを含むサンフランシスコ周辺地域の日系企業は2007年は516社でしたが、私がいたころの2014年には815社に増えていました。自動車メーカー、パソコンメーカー、飲料メーカーなど多くの日本企業のビジネスパーソンが次々とこの土地を訪れるのが印象的で、私は何度もその案内役をさせてもらったことがあります。

シリコンバレーを訪ねてくる人たちを自家用車に乗せて、いろいろなミートアップ（起業家やエンジニアの集まり）に連れて行きました。

今でも覚えてますが、その人達と現地の人を引き合わせたときに「必ずしも名刺交換を最初にしなくていいですからね」と口を酸っぱくして伝えていました。

もちろんアメリカにも名刺はあります。ただ基本的には、まずは握手や雑談から始まるのが気持ち良い会話のコツです。

特にシリコンバレーではそうでしたが、初対面の人とは**肩書きよりも、「今やっている面白いこと」「仕事のビジョンや夢」「注目しているスタートアップ（これから成長が期待できる新興企業のこと）」**などの話をするほうが盛り上がりました。

名刺がだんだんと意味を持たなくなっているのは、日本にいても実感をすることだと思います。なぜなら肩書きや連絡先が変わる頻度は増えていくでしょうし、名刺に載っている会社の住所やメールアドレスも変わることもあります。

さらに、Facebookやリンクトインなど、名刺を必要とせずにつながる手段が増えました。必要ならその場でお互いのパソコンに入っている資料を交換しあえばすむ。
その場でお互いがパソコンを開いてメールアドレスを聞けばいいので、あとから名刺を活用する意味はだんだんと減っていると思います。

ただ、どれだけ世の中が発展してもビジネスや生活の現場で根強く残っている日本社会の「印鑑」と同じで、習慣というのは怖い物です。いろいろ理屈は分かっても、日本ではまず名刺交換をしないと、確かに気まずい。自分一人だけ名刺を出さないのも変ですし、相手に対して失礼にあたります。

そこで私は名刺交換をしたあと、**企業名や役職名に触れずに、「最近気になったニュース」などまったく別の話題を振るようにしています。**そうすることで、相手との距離が縮まりますし、意外な一面に気づけます。まじめそうに見えた老舗の印刷会社の会社員が副業でデザイナーや小さなネットショップをやっていたり、生まれ故郷が近かったりしたことに雑談で気づいたときもありました。

自分のピンポイント人脈に合いそうな相手かどうか。その人らしい話を引き出して親密度を上げるためには、「名刺以外の話」に早めに移ることがポイントです。

A4用紙1枚に3つのメモがスモールトークのコツ

スタンフォードの教授が開くホームパーティにも何度か呼ばれました。

「日本人はシャイだから、スモールトークが不得意だよね」

ワインを何杯か飲んで少し酔っ払った教授に言われたことがあります。本の冒頭で、ネットワーキングパーティーの話を少ししましたが、こうした集まりで名刺に頼らない「ちょっとした雑談」のことを「スモールトーク」と英語では呼ぶそうです。

この教授はこれまで何人も留学生の面倒を見てきたそうで、特に日本人はスモールトークが苦手だと言われました。

そして、教授にはスモールトークのためにスタンフォードのキャンパス内の売店で売っている黄色いノートの紙1枚（日本だとA4版ぐらいでも可）に事前に英文で3つのことをメモしておくように言われていました。

メモの1つ目は、仕事や研究テーマのことでした。日本の企業から派遣されてきた社会人留学生の場合、どうしても具体的な企業名や役職名を書いてしまうそうなのですが、「それは絶対にだめだ」と言われました。「何に自分が最も情熱を傾けているのかを書くように」というアドバイスを教授から受けました。たとえば当時の私だったら「朝日新聞記者」と書くのはダメで、「閉鎖的な日本で誰もが自由に発言をできて意見を活発にやり取りできる、会話がたくさんある社会をつくりたい」と書きます。

自分のいる業界が抱えているちょっとした課題に触れて、どう解決しようとしているかを説明すると、自己紹介も「ストーリー」のようになると習いました。

2つ目は、食べ物です。誰にでもお気に入りの定食屋さんやレストランはあるもの。どんな店なのか、看板メニューは何なのか。店員さんの特徴を書いてみると、ちょっとした雑談のネタが出てくるはずです。

食べ物の話題は鉄板ですし、誰もが楽しく会話をすることができます。宗教によって食べられない食品もあるでしょうし、肉や魚、乳製品を口にしない「ビーガン」であることなど自分の信条も書き込めば、ぐっと自分らしい文章になるはずです。

3つ目は、「自分が相手に聞きたいこと」。少なくとも3つは書いておくように言われました。**雑談のコツは、「自分がうまくしゃべることにではなく、上手に聞くことにある」と教授は最後に教えてくれました。**

相手への質問としては、前述した仕事や食べ物のことを相手に聞いてもいいですし、最近読んで面白かった本や観て良かった映画もよく使われるネタです。

そして、必ず使えるのは、「子どもの悩み」だと教授に言われました。自分の息子や娘、あるいは知り合いの子どもでもいいのですが、事前に「進路」について聞いておく。たとえば「自分の甥っ子は、大学に行くべきか、そのまま就職するべきか困っている。やりたい仕事も悩んでいるようだ。あなたの業界では、どんな人が活躍していますか」と聞けば、たいていの人はあれやこれや話してくれると言います。これは相当「使えるアドバイス」でした。

子どもの悩みを答えることに嫌な思いをする人はいないですし、話が持ちます。**仕事に対して真摯に向き合っているほど、「なるほど」という答えが返ってくる**はずです。

私は自分の子どもの夢を聞いたところ「お医者さん」と言われました。まだ小学校1年生だったので本人は深くは考えていなかったとは思います。

それでも、「医師になるにはどうしたら良いのか」と雑談で聞けば、医療業界に詳しくない人でも、自分が医師にかかった経験から「理想の医師像」を語ってくれましたし、心理学に詳しい人からは「医師もカウンセリングのトレーニングを受ければ患者に優しく接することができるようになる」とアドバイスをもらいました。

この質問によって普段の雑談の質が格段に上がりました。濃い内容のスモールトークをするのもピンポイント人脈を構築するコツなのだと学びました。

スモールトークのコツ

①仕事や研究テーマについて

・何に最も情熱を傾けているか

②食べ物について

・お気に入りの店、看板メニュー、特徴

③自分が相手に聞きたいこと

・少なくとも3つ以上

・「子どもの悩み」は鉄板！

A4用紙などに事前に上記のことをメモしておく

PINPOINT

人脈術4 自分だけの「ビジネスコーチ」をつける

「30分2000円」のコーチにアドバイスをもらう

キャンパスで出会う、大学生やシリコンバレーの起業家たちと知り合って驚いたのは、ビジネスコーチをつけている人が少なからずいたことでした。コーチというとスポーツの指導者をイメージしがちです。しかしここで言うコーチは仕事の相談役のような存在で、**相手のやる気を引き出したり、話し相手になることで複雑に絡まった仕事を整理したりする人**です。アメリカなどでは経営者につく有名なビジネスコーチもいます。

ビジネスコーチという言葉は私もなんとなく聞いたことがありました。そして企業のC

ＥＯや重役が専属で雇って、革張りの椅子が並ぶ特別な個室で深刻に話し合っているという先入観が私にはありました。

スタンフォードではiPadを使って農業支援をするビジネスを立ち上げようとしていたある起業家志望の女子学生が、すでにコーチをつけていました。

「まだ、儲かってもいないのに贅沢だね」と私は冗談っぽく言ったのですが、「本当にあなたはわかってないよね」という顔をされました。

ビジネスコーチは、彼女の知人でした。別に専門の資格を持っているわけではなく、ちょっとした小遣い稼ぎの副業として行っているのだというのです。インターネット電話兼動画「Skype」で1週間に30分ぐらい話を聞いてくれる人で、値段も日本円にして2千円程度。そこまでべらぼうに高いというわけではありませんでした。

私も彼女にそのコーチを紹介してもらいました。ノートパソコンを開いてネットにつなげればすぐにコーチングを受けられるので、授業の合間にキャンパスの中のカフェでできました。コーヒーを手元に置き、空いた時間にちょっとしたお喋りする気軽なコーチングです。

Skypeをつなぐとコーチが画面に出てきました。本棚が奥に映り込んでいたので、おそらく自分の部屋にいたのだと思います。簡単な自己紹介をしたあと、早速コーチングが始まります。

私は、主に2つのことを話しました。まずは当時の大学生活のちょっとした悩みを話しました。スタンフォードはあまりにも魅力的な授業が多すぎて、どのコマに出席したらいいのか迷ってしまう、という点を簡単に伝えました。

次は、悩みというより愚痴に近いものでした。日本にはシリコンバレーのような土地がなぜないのか、という悩みです。スタンフォードのようなアカデミックな場所と、世界をあっと驚かせるようなIT企業が同じ地域にあって、優秀な学生や起業家が集まっているのがうらやましいということを話しました。

Skype越しに私の話をじっと聞いていたコーチは、最初は聞き役に徹して、先ほど話した演劇のワークショップではないですが、何でも「YES」と言って肯定的に受け止めてくれます。こちらも気持ち良くなってどんどん話していきました。

そして、コーチングの時間が残り10分となり、コーヒーも半分ぐらい飲み終わったころ、コーチは「あなたの悩みは2種類に分けられます」と私に声をかけてきました。

彼に言わせると、多くの人の悩みには**「ホワイトハウスの悩み」と、「カフェの悩み」の2種類しかない**、というのです。

前者が指す「ホワイトハウス」とは、言わずと知れたアメリカ大統領の住居兼執務室のことです。

たとえば「戦争をなくしたい」とか「貧富の格差を小さくしたい」など、大統領が専門スタッフや閣僚といっしょに、ホワイトハウスで取り組むべきことのような世界的な課題が「ホワイトハウスの悩み」だと言われました。当たり前ですが、一個人ではすぐに解決するのが難しく、大げさに言うと、人類の永遠のテーマのようなタイプの悩みのことです。

一方、「カフェの悩み」は、友人、上司あるいは家族と、カフェでコーヒー1杯を飲みながら話し合うことで解決に向かうような問題のことを指すそうです。すごく面白いたとえだな、と思いました。

今回のコーチングの冒頭で彼に伝えた2つの悩みのうち、「日本にはシリコンバレーのようなIT企業や起業家が集まる地域がなぜないのか」というタイプは、「ホワイトハウスの悩み」です。「あなたが日本のプライム・ミニスター（首相）になったときに考えよう」と言われました。

一方、どの授業を取れば良いかを迷っているという悩みについては、自分とはまったく違うタイプの同級生のうち最低2人とそれぞれコーヒーを飲みながら、「2人に決めてもらったら良い」と言われました。カフェの悩みは、カフェで解決できるからね、と。

言われてみればなんてことはないアドバイスでしたが、私は早速自分とは興味関心が違う同級生2人とコーヒーを飲み、自分が取るべき授業についてじっくりと考えました。

その後はコーチと話していませんし、私も結局忙しくなってしまって、コーチングを続けることはありませんでした。

それでも「ホワイトハウスの悩み」と「カフェの悩み」を区別する思考は、いまでも役立っています。

誰かになんとなく相談するのではなく、「コーチング」を通じて相談することの大切さを学びました。

友人や家族にちょっとした悩みを打ち明けることは誰にでもあるでしょう。ストレス解消にもなりますが、多くの場合、ダラダラと話が長く続くことが多く、結局何を話して、どんな結論が出たのかは曖昧になってしまうことが少なくありません。お金を払って友人や知人を「コーチ」という存在に変えることで、今までと一味ちがう会話を生み出せます。

友人と「30分コーチング」の時間をとる

ビジネスコーチとはちょっと異なる点もありますが、日本の会社では「メンター制度」を採り入れているところもあります。食品大手のニチレイは2000年代から、新人に先輩社員を「メンター」としてつける制度を始めました。

一方で、「わざわざメンターをつける」ことへの批判を私は聞いたことがあります。年配のビジネスパーソンからは、メンターのような堅苦しい制度をつくらなくても、「自分たちのころは、同じ釜の飯を食う感覚で、先輩や上司に指導をあおいでいた」という思いがあるかもしれません。

ただ、これまで見てきたように、会社の組織も人脈のつくり方もダイナミックに変わっている時代においては、メンターのような新しい手法によるピンポイント人脈がますます求められているのではないでしょうか。

実際ニチレイは、入社から3年以内の離職率が5％を超えるときもあったそうですが、制度を導入してからは下がったといいます。

働き方が多様化した現代では、企業での目標も個人ごとに異なってくるので、ビジネスコーチやメンターが必要だというのは納得感がある話です。

特にこれまでの終身雇用型の会社が崩れつつある中では、職場の人と深い関係を結ぶのが難しくなってきます。また、私自身もそうですが、内向的な人にとっては、飲み会や会社の行事に行くことも少なく、職場に相談相手がいないこともあるでしょう。

何度か申し上げている通り、私は友人が少ないほうです。ただ、大切な友人とはできるだけ丁寧にピンポイントでつき合っています。

しかし、親しくなればなるほど、お互いのことを「知りすぎている」と勘違いしてしまって、惰性で会話が進んでしまうときもあります。

そんなときに勇気を出して「コーチをやってくれませんか」と頼んでみると、いつもと違う会話をすることができます。

もちろん毎週やってしまうと、お金も時間ももったいないですが、たまにはピンポイント人脈の中の誰かにお金を払ったり、ちょっとした食事をご馳走したりして、30分だけ「悩みを聞いてもらう」のも悪くないと思います。

自分だけのビジネスコーチをつける

・一週間に 30 分「コーチング」の
時間を設ける
・ピンポイント人脈でつながった人に
コーチを頼んでみる

PINPOINT

人脈術5 抽象的な話で会話と思考の幅を広げる

抽象的な問題提起をして想像力をかき立てる

私は1年しかスタンフォードにいませんでした。しかし小さいころアメリカで教育を受けたこともあって、日本の大学生と、スタンフォードのようなアメリカの大学生との差について、様々な人からよく質問をされます。

とはいえ、多くの人が考えているような差はないというのが私の実感です。当たり前ですが、スタンフォードには優秀な学生も、不真面目な学生もいるし、それは日本の大学においてもそうです。どこかのビジネス雑誌がたまに特集するように「日本の大学は崩壊している」とも思いませんし、スタンフォードで学んでいる大学生全員が「とてつもないエリート」であるとも感じません。

ただ、そうした質問を受けるようになってから、色々と日米の学生の違いについて考えるようになりました。もしあえて挙げるとするならば、**スタンフォードには日本の学生よりも「抽象的な話」が得意な人が多い**と感じました。

「抽象的な話」がうまいなと思うのは、たとえばこんなときです。

私が留学していた当時、メディア業界にいる人間だと知られると、まず一通り日本の新聞やテレビの状況について質問をされます。そしてその後にスタンフォードの学生は「忙しい毎日、文字情報に頼らないで入手できるニュースアプリがあったらいいよね」という抽象的な問題提起をしてくれるのです。「文字情報に頼らない」という言葉は少し難しいのですが、あまり具体的ではない分、いろいろな想像力をかき立てる余白があります。

それは、「動画で観るニュースアプリ」なのか「ニオイで感じるアプリ」なのか、会話や思考の範囲が何十倍にも拡大します。

「具体的なこと」だけ話す人には注意する

今の話にもつながるのですが、あるときスタンフォードの研究者に「注意」されたことがあります。私に、というより「日本のメディア企業の人たち」を代表して私が怒られたという印象です。

この研究者は、日本企業や日本の留学生のメンバーと大学内でシンポジウムに関わったり、出張で来る企業幹部にシリコンバレーを案内したりすることがある「日本通」の人でした。日本の新聞社やテレビ局の人も彼を訪ねてくると言っていました。

注意されたのは、「日本のメディアの人は、電車の中のたとえ話が多い」ということ。とても奇妙な話だなと思ったのですが、まずは聞いてみることにしました。

「あなたにとって理想のニュースアプリは何ですか？」とこの研究者が日本のメディア関係者に聞くと、「電車の中で『その日のニュース予定』が見られるアプリや、帰宅中の電車で、耳で『一日のビジネスニュース』を聞けるアプリですかね……」という答えが返ってきたと言います。

「どれも素晴らしいアイデアだ」とこの研究者は思ったらしいのですが、「電車」という具体的すぎるたとえ話がわかりにくいと言われました。

スタンフォードには、アメリカ国内の様々な地域だけでなく、世界各国から来ている人たちがいます。「電車」と言っても、日本の満員電車を想像するのか、自分の国の電車を思い浮かべるのか分かりません。

「具体例を出せ」「抽象的な話はするな」

今日もどこかの会社で上司が部下に言いそうな言葉です。しかし、この研究者は**「具体的なことは、多様性を損なう」**「抽象的な話題の方が、話が曖昧になり、たくさんの人が会話に参加できる」ということを言っていました。

確かにそうです。

曖昧という言葉はビジネスの現場ではネガティブに使われることが少なくありません。

しかし、様々な解釈を許すことで、話しているテーマの具体的な内容に詳しくなくても、会話に加わることができるというメリットがあるのです。

たとえばスタンフォードの最寄り駅から、アメリカ有数の都市であるサンフランシスコまではカルトレインという列車に乗ります。混雑することは日本の満員電車ほどではないし、愛用の自転車を抱えて乗ってくる人もいるほど。駅員も改札もなく、切符は自動販売機。時刻通りに来ないこともあります。

車窓から見える風景は田園地帯で、どこかのんびりとした雰囲気が漂います。もちろんスマホをいじっている乗客がいるのは、日本と変わりませんが、つり革につかまって、いらいらしている風景とは無縁です。同じアメリカでも、スタンフォード周辺とニューヨークでは電車の中の様子は違うでしょうし、ケニアやドイツではまた異なるでしょう。

「具体性は多様性を損なう」という考えは面白いなと感じました（こうした話題を掘り下げたい方はビジネスコンサルタントの細谷功さんの『具体と抽象』をお読みください。**この本のなかでも、具体的な話と比べて、抽象的な話は「解釈の自由度が高い」という議論を展開しています。**また、企画を構想する「抽象の仕事」と、それを実現する「具体の仕事」などの区別も理解できるようになります）。

抽象的な話をするために「キーワード」を使う

抽象的な話は、より本質的な話と言えます。

たとえば「紙の新聞が売れなくなって、販売店が大変だ。若者はみんなスマホでYahoo!ニュースを見ている」という現象があったとします。

そのとき、話が「具体的」にいきすぎてしまうと、「紙の新聞の販売店の非効率性」や「Yahoo!ニュースの配信の仕組み」などの細かい話にいきがちです。

一方、この話を次のように展開したらどうなるでしょう。

私「最近、紙の新聞が売れなくなって、新聞を配る販売店の経営も大変なんです。若者は電車の中で、スマホを使ってYahoo!ニュースやスマートニュースを見るようになりましたから」

相手「そうなんですね。大変ですね。どうしてそうなったと思いますか？」

私「『お茶の間』が消失したんだと思います」

相手「『お茶の間』？」

私「かつて、リビングに集まって、家族で同じテレビ番組を観たり、テーブルにお父さんの新聞が置いてあって、『お茶の間』でコンテンツを楽しむ文化があったと思います。それが消えました」

相手「たしかに、私もお父さんが読み終えた新聞を日曜日に読むようになって、難しい漢字を覚えました。そういう光景は少ないかもしれませんね。『お茶の間』って懐かしいですね」

私「はい。スマホが出てから、自宅の外でニュースやテレビ番組を観る『アウトドア消費』が増えてきましたよね」

相手「私も、外出先でニュースを読んじゃうので、家の中では新聞を読まなくなりました。そういう意味では『アウトドア消費』が確かに広がっているのかもしれません」

この会話のように「お茶の間の消失」や「アウトドア消費」などの「キーワード」を使うのは抽象度を上げるコツです。

ちなみにこれは、あるコーヒーチェーンを経営する企業の関係者と私の会話の実例です。

彼女はニュース業界の行く末には、まったく興味がなかったのですが、キーワードを使うことで会話が広がりました。

彼女が言うには、「コーヒーも『アウトドア消費』になっている」とのこと。スターバックスコーヒーが、印象的なロゴマークを紙コップにデザインしたことによって、外で持ち歩いてスタバのコーヒーを飲むのが一種の「ファッション」になったと言うのです。古びた喫茶店でタバコの煙とともにじっくりと何時間も過ごすコーヒーの消費スタイルとはまったく違います。

たしかに、あのロゴがついた紙コップを片手に外でコーヒーを飲んでいる人は見かけるようになりました。「スタバが、喫茶店のお客さんを外に連れ出したんですよ。『アウトドア消費』ですね」。

なるほど、と思いました。

抽象度を上げる、ということは、自分の仕事や業界について興味がない人に対しても「オープン」になるということです。「ニュースと電車」「Yahoo! ニュースと新聞社の衰退」などの話をしてしまうと、どうしてもメディア業界の人向けの話題になってしまいます。

もちろんそうやって具体的に話す場面は、仕事をするうえで多々あるでしょうが、決まりきった組織内の硬直化した人脈ではなく、ピンポイント人脈を築くうえでは、できるだけ幅広い人に対して開かれている必要があります。

先ほど出した「電車」のたとえも、地方に住んでいる人にとっては分かりにくいです。私の妻は九州出身ですが、満員電車は東京に来るまで経験したことがなく、「電車」という言葉を聞くとのどかな田園風景が窓から見え、知り合いがたまに乗ってきて、ぽつりぽつりと車内に何人かの乗客を思い浮かべることが多かったといいます。

「電車内で読めるニュースアプリ」と具体的な話を東京の人がいきなりしてしまうと、日本の地方や海外の人にとっては会話をしづらいのではないでしょうか。

自分だけの「ポケット・キーワード」をもっておく

抽象度の高い話って何だか難しそう——。

そう思った方には自分の中に「ポケット・キーワード」をためていくことをおすすめし

ます。先ほどの「お茶の間の消失」や「アウトドア消費」がそうです。

新聞やテレビで面白い言葉に出合ったり、誰かと話していて「気の利いた言い方をするな」と感じたりしたら、メモをして、「頭の中のポケット」にポンと放り込んでおくのです。

本屋さんのビジネス書コーナーをめぐってタイトルを見てもいい。

そうして集めたキーワードをたまに引っ張り出して自分なりのアレンジをして、また心のポケットにしまう。誰かと雑談をしているときに、ひょいと取り出してみると役立ちます。

私がコーヒーチェーンの女性に話したときも、自分の業界の問題を一度抽象化して「アウトドア消費」というテーマをもとに話しました。

ピンポイント人脈を作っていくコツは、自分の普段の生活圏や仕事の業界からできるだけ離れたところの人とも会話し、本当の意味で大切な人とつながることです。

そうした「他者」を通して自分の能力の足りないところや気づいていなかった固定観念を浮き彫りにするのも人との出会いの魅力の一つなのではないでしょうか。

抽象的な会話で思考の幅を広げる

具体的な話は解釈の幅を狭くするので避ける

面白いキーワードを頭の中にメモしておく

PINPOINT

人脈術6「紙とペン」を使って引きつける

紙とペンの工作で相手と話しをする

「抽象化が大切」という話と矛盾することかもしれませんが、「超・具体的なこと」で人とつながることもできます。「超・具体的」とは、話している内容について、相手の目の前で実際の物理的な「モノ」を使って表現することです。

スタンフォードで「デザイン・シンキング」という最先端の教育を採り入れている「d.school」で授業を受けていたときのことです。その中で「理想的なニュースアプリ（ニュースサイト）」を考えようというお題がありました（アプリの話ばかりしてすみません）。与えられたのは紙、ひも、サインペン、ハサミなどの文房具でした。

私たちのチームは、アプリをつくる前に「なぜ誰も新聞を読まなくなったのか」「情報を集める、とはどういうことだろう」という「抽象的な議論」から始めました。

ポスト・イットを貼って議論しているうちに「日々の情報量が多すぎるからだ」という結論に。ならば、ということで、読者が関心のないニュースを画面から隠してしまうニュースサイトをつくろうという考えになりました。

それはこんな新しいタイプのニュースサイトです。まず読者がサイトに登録するときに自分には興味がないテーマを選びます。たとえば「政治」が嫌いだったら「政治」を選びます。そのニュースが出てきたら、「隠してくれる」サービスです。

このアイデアをもとに、実際にサイトをつくりました。とはいっても、材料は先ほど与えられた紙とハサミなどの文房具だけ。

チームの中の同級生が持っていたノートパソコンを取り出し、アメリカの著名紙「ニューヨーク・タイムズ」のニュースサイトの画面を表示させました。そこに白い紙をハサミで切ってから、いくつかの記事の上にテープで貼って隠したのです。興味のない記事が隠れているサイトのイメージをつくったのです。

「プロトタイプ（試作品）」が5分で完成しました。

大事なのはここから。紙をペタペタとパソコンの画面に貼り付けた「試作品」を持って、周りの生徒、先生、ゲストとして授業に来ていた会社員や大学教授にどんどん触ってもらいました。

すると、当初の狙いとは異なり、隠していた紙の切れ端をはがそうとする人が続出しました。「隠してあるから、かえって下にあるニュースを読みたくなった」という理由です。

意外な反応でした。そこで急遽、紙をマンガの「吹き出し」のような形に切って、隠してあるニュースの「見出し」や「その記事に関心を持っている知り合いの写真」を表示する「機能」を追加しました。

そうするとチラ見したくなるのが人間の性なのか、みんなが紙をめくります。「めくる」というゲーム感覚の操作を通して、自分が普段嫌いだと思っていたジャンルの記事を読んでもらう、という新しい体験を読者に提供するサイトに生まれ変わったのです。

紙とペンでプロトタイプをつくる

試作品を5分でつくって触ってもらう

反応を受けて改良を加える

私は大事な人や、今後仲良くなりたいと感じる人と会ったとき、この体験を応用して、すぐノートに図を描いたり、時には本当にハサミで切ったりして自分が考えていることを「形」にするようにしています。

ポスト・イットも持ち歩いていますし、その場でコーヒーショップのテーブルに、ペタペタ貼っていくこともやっています。

そうすることで必ず相手の印象に残ります。たとえ話がうまくなくても、すてきな会話になります。そうやって「形」にしたものを、「これ持って帰ってもいいですか」といって大事そうにカバンにしまってくれる人もいます。モノを使って引きつける、こともピンポイント人脈づくりのコツの一つです。

「強引な押しつけ型」の営業より具体的な行動

シリコンバレーには、角野賢一さんという、飲料メーカー「伊藤園」の有名な営業担当者がいました。お客さんを紹介してもらえるような大事な食事の席も「家でＤＶＤを見たいから」と断ったこともある内向的な一面も持っているタイプです。彼はEvernote Japan会長の外村仁さんに、「日本のようなプッシュ型の営業（メーカー側が積極的にPRや営業することで買ってもらう戦略）ではシリコンバレーでは通用しない。もっと現地のエンジニアの人が自ら買いたくなるようなプル型の営業（消費者自らに「買いたい」と思ってくれるような戦略）をしないといけない」とアドバイスを受け、ユニークな手法で自社のお茶を現地で売り込みました。

角野さんは、それまでの飛び込み営業などの仕事のスタイルをやめ、バケツにお茶のペットボトルをいっぱい入れて、エンジニアの人たちが集まるイベントやセミナーに足を運びました。そして、そこでお茶を配るのです。

そうすると「変な日本人がお茶をもってウロウロしている」という噂が広まり、シリコンバレーで次第に存在が知られるようになりました。エンジニアや起業家が角野さんに話しかけることも徐々に増えてきました。そこで角野さんは伊藤園のお茶の魅力を伝えました。「炭酸飲料と違って、お茶は無糖で健康的」「一日何本飲んでも良いし、リラック効果もある」などと話すと、ペットボトルのお茶をケース単位で買う人や自分のオフィスに定期的に注文する人が出てきました。角野さんはバケツを持ってありとあらゆるイベントに顔を出して、すべての荷物を一人で運び、飛びまわっていました。「お〜いお茶」がシリコンバレーの企業に広がり、売り上げは増え、ブランドイメージは格段に上がったといいます。

これも、モノを使って超・具体的な行動を示して、話したい人とピンポイントでつながる技術です。「ピンポイント人脈」を営業に応用した形ともいえるでしょう。

具体的なモノを使って引きつける

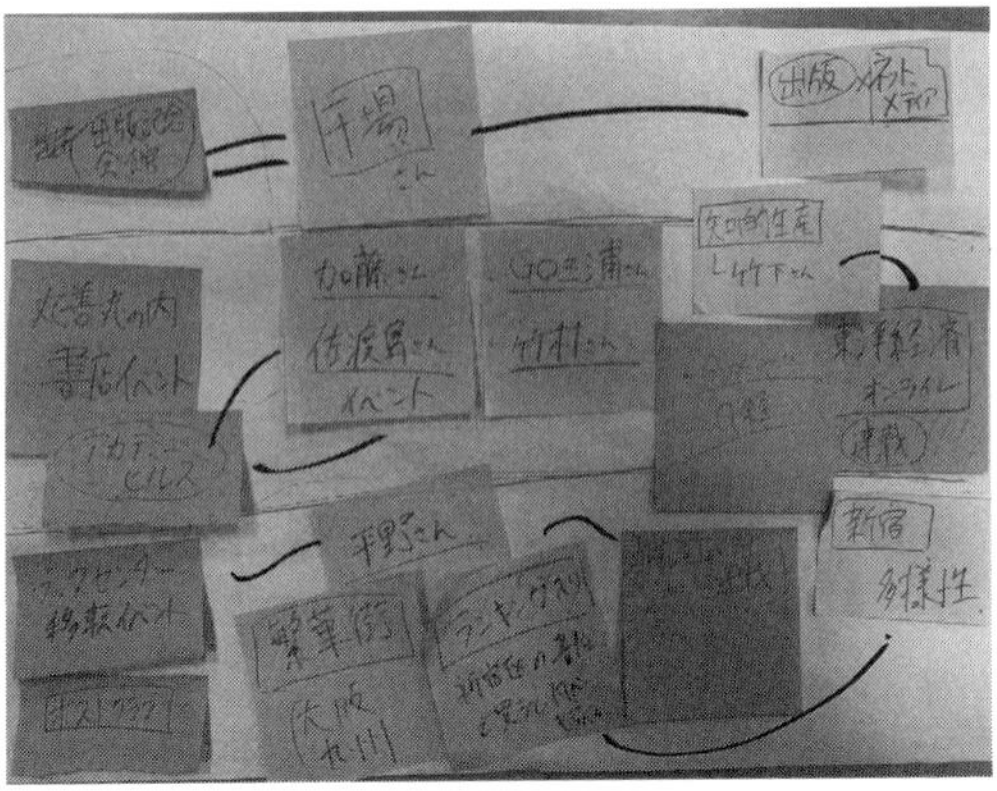

ポスト・イット
を使って「見え
る化」する

スケッチブック
で紙しばい風プ
レゼンをする

モノを使ったり、その場でつくることで
相手の印象に残る

PINPOINT

人脈術7 不良が活躍する時代、「小さな変革者」を探す

不良が活躍している時代は「破壊願望」がある人を探す

「不良の武器は会話です」と教えてくれたのは、新宿・歌舞伎町のカリスマホストとして知られる手塚マキさんです。

手塚さんは、ホストとしても超一流なのですが、歌舞伎町に書店を開いてしまうほどの本好きのインテリとして知られます。彼は「不良でのし上がっていく奴は、口がうまい。勉強ができる人は名刺や書類などの『文字』で戦っているけど、不良は『会話』で勝負している」と言います。

手塚さんは、部下250人を抱えるホストクラブの経営者でもあります。**ホストたちの世界では、メールで物事を伝えたり、契約書でルールを縛ったりするより、口頭で説得をしたり、口げんかを通して自分の思いを伝えたりする方が「物事が動く」と言います。**名刺を差し出すよりも、目の前の相手が「何を言うか」のほうが、迫力があるそうです。

文字ではなく、会話で勝負している。私は手塚さんの話を聞いて「なるほど」と思いました。

いまは会話によって物事が動く「不良の時代」といえるかもしれません。官僚や大企業社員などの古いヒエラルキーに基づいた肩書きに頼る「優等生」では通用しないからです。

その意味では、これまで話題に挙げてきたスタンフォードがあるシリコンバレーも「不良の地域」であると言えます。

アメリカのニューヨークやワシントンDCなど「東海岸」で働く人たちはスーツにネクタイで働きますが、シリコンバレーなど「西海岸」の人たちは、Tシャツに短パン姿。

Facebookをつくった CEOのマーク・ザッカーバーグも、Tシャツやパーカー姿でいることが多い印象です。

盗んだバイクで走り出して窓ガラスを割るタイプの不良というより、ちょっとオタク的で内向的な不良とも言えます。


西海岸がつくり出すインターネットの文化は、既存の大企業や組織を否定する「反権力」的なところがあります。偉い人が書く本より、街中にいる若者のTwitterの投稿が影響力を持つ。国家の中央銀行が発行する「お金」より仮想通貨に期待をする。

普通の人が運転する車に乗って移動ができるUberはシリコンバレーで生まれたサービスですが、創業者は「既存のタクシー業界を潰してもいい」という気概で、ビジネスをやっていたように私には思えました。

「破壊願望」が強いのも、シリコンバレーの特徴です。


そして何より「会話」が好きなのです。良い意味で「何かを壊してやろう」という人たちで、思いついたらアイデアを誰かに話して一気に突き進んでいくようなところがあります。起業家、弁護士、会計士、大学生、教授。職業に関係なく、シリコンバレーでは毎日のようにこうした気概がある人たちと会ってきました。物静かだけど、一度会話のリズムが合うと、心のうちに秘めた「破壊願望」がある人が必ず見つかりました。

フェイスブック社は個人情報の取り扱いや、フェイクニュースやヘイトスピーチを拡散してしまう問題など批判も受けていて、キラキラと輝いていたシリコンバレーという言葉に「陰り」が見え隠れし始めたのも事実です。とはいえ、今までの既存のエリートとは違うタイプの人たちが活躍しているのは、日本でも学ぶべきところが多いと思います。

ピンポイント人脈では、会話のもつ「破壊性」を重視する

1章で、Skypeなど、文字に落とし込む前の会話を使ったコミュニケーションのスピード感についてお伝えしました。そのときは会話が持つ「速さ」に注目しましたが、ここでは「破壊」というキーワードに着目したいとおもいます。

名刺や書類に象徴される「紙の文化」には、一度印刷したものは変更できないという特

徴があります。上司に提出したり取引先に見せたりする書類に間違いがないか、当然ながら、何度も確認します。ビジネスにおいては大切なことですが、「紙の文化」には

① 決まったことは覆せない
② 間違いや誤解がないよう慎重になる

という考え方を植え付けてしまうというデメリットがあるようです。

一方、手塚さんやシリコンバレーの「会話の文化」は、

① 一度口にして決まったこともすぐ撤回できる
② 誤解があっても会話のキャッチボールを通して意識合わせができる

というメリットがあるように思います。

ピンポイント人脈で結ばれる人間関係は「紙の文化」ではなくて、「会話の文化」を大事にしたいところです。

それは、相手のミスや誤解に寛容になり、さらに物事はたえず状況が変化するものだということを意識する文化です。

身近にいる「小さな改革者」を見つけ出す

起業をしたり、政治家になったりすることも社会の「改革」への第一歩ですが、世の中の誰もが「大きな変革」をできるわけではありません。

ただ、小さくても人知れず「1・1倍」の改革をしている人は、結構いるのではないか、というのが私の個人的な実感です。

昨日とは違う「1・1倍」を生きれば、今日は1・1になります。それを繰り返していくとあっという間に「2・0倍」を超えます。だんだんと積み上げれば「3・0倍」を超えてきます。「1・1倍」を重ねるだけで自分の人生は変わっていくものです。

そういう人と、少人数でも、あるいは一人でもいいから、仲良くなる。成長を見て、自分も刺激を受け、自分も変えていく。「1・1倍」の改革をしている人を見つけていくのも「ピンポイント人脈」のコツです。

小さな改革をしている人とつながる

・会話によって物事を進める破壊願望がある人
・1.1倍の改革を続けている人

以上がスタンフォードで学んだ内向的な人のための人脈術でした。

これまで世の中にある「人脈術」に関する本は、ちょっとやそっとでは、まねできない「人脈モンスター」のためのものが多かった印象です。しかし、ここで私が紹介した人脈術は、内向的な自分自身にとっても、無理なく実践できるものだけを選んでいます。

①まずは7人の「好きな人」を見つける
②「うん、でもね」「そうは言っても」を口にする人は相手にしない
③名刺交換をせずに会話をはじめる
④自分だけの「ビジネスコーチ」をつける
⑤抽象的な話で会話と思考の幅を広げる
⑥「紙とペン」を使って引きつける
⑦不良が活躍する時代、「小さな変革者」を探す

これら7つの人脈術を使って、あなたらしい「ピンポイント人脈」を築いてください。

CHAPTER 3

3章

ピンポイント人脈がもたらす3つのメリット

だれからりっぱな進言を得たとしても、よい意見は君主の思慮から生まれるものでなければならない。よい助言から、君主の思慮が生まれてはならない。

マキアヴェリ『君主論』

PINPOINT

「キャリア」「新規プロジェクト」「組織」を変えるピンポイント人脈

これまでスタンフォードで学んだ「7つの人脈術」について話してきました。あなたが「明日から使える」身近な事例を中心にお伝えしてきました。

遠い海の向こうのアメリカの西海岸で学んだことでしたが、私は日本に戻ってからも、こうした7つの人脈術をフル活用して仕事をしています。また、1章で見てきたような人脈をめぐる世の中の「4つの潮流」も、ますます大きなうねりとなっていることを日々の取材から感じます。

3章では、日本のビジネスの現場をのぞき、ここまで学んできた「ピンポイント人脈」

にどのようなメリットがあるかを見ていきたいと思います。

私は朝日新聞社に入社したころからずっと、出世にはあまり興味がありませんでした。もちろん能力が評価されて大きな権限を与えられるのは、誰にとっても喜びだと思うのですが、特に大組織の場合、トップにいくまではたくさんの苦労を背負わないといけません。社内人脈を築いて偉い人に覚えてもらい、何とか可愛がってもらって、同期との競争を勝ち抜く――。私はあまり気が合わない人とはできるだけつき合いたくないタイプでしたので、そんなドロドロとした社内レースには参加する気になれませんでした。ピンポイント人脈では勝てない時代だったのです。

でも「好きな人」とだけつながっていれば、様々なことが可能になるのが今の時代です。むしろ「好きな人」ときちんと関係を結ばないと実現できないことが増えているのです。個人が組織の序列や秩序に関係なく自由に動き回り、どんな人であっても人とつながりやすくなった社会では、自分が「これだ」と思う密な相手と深いやり取りをしないと、本当の情報は入ってきません。ピンポイント人脈の時代がやってきたのです。

ここからは、ピンポイント人脈がもたらす「3つのメリット」について話したいと思います。

1つ目のメリットは自分のキャリアを自分で設計できることです。

すでに、組織の中の決められたルールにおいて、双六のように一歩一歩進んでいくスタイルのキャリアの築き方は過去のものとなりました。こうした環境で、自分の仕事人生を歩んでいくには、新しいタイプの「人とのつながり」が大事になってきます。

2つ目は新しいプロジェクトを起こし、ビジネスを変えられるメリット。

そして、最後の**3つ目は古い組織を変えるキッカケがつくれるというメリットです。**

PINPOINT

メリット① キャリアを自由に設計できる

転職活動はネットにプロフィールを載せるだけ

1つ目のメリットの「キャリア設計」はピンポイント人脈の大きな特徴です。それは私自身の体験に基づいています。

私が、朝日新聞をやめてハフポストの編集長になったのは36歳のとき。急遽退職した以前の編集長の代わりをアメリカの本社の幹部が探していたタイミングです。

しかし、無名の日本人記者であった私をハフポストのアメリカ本社の人たちが知っているはずもありません。

ところが、アメリカなどで流行っているLinkedIn（リンクトイン）というビジネス特化

型SNSに自分のプロフィールやメディアに関する思いをたまたま書いていたことが功を奏しました。

LinkedIn には自分の経歴のほかに自分が取り組んでいることや将来のビジョンを書き込むコーナーがあります。私はそこで、「人工知能と人間のどちらがメディアのトップにふさわしいか」というスタンフォードの留学時の研究テーマに関する文章を載せていました。

それを偶然にも読んだアメリカの本社の幹部が「これからのネットメディアの編集長は単に記事を書いたり編集したりするだけでなく、近未来のメディアのあり方まで考えられる人が良い」と判断し、面接をすることになりました。

「いつの間に転職活動をしていたのか」と先輩に言われたこともありましたが、私は単に新しいSNSに登録して自分の文章を載せていただけで、転職をする気はありませんでした。朝日新聞の仕事は楽しく、充実していて、やめる理由もなかったからです。

おそらく、かつての社会では、ネットワークをどんどん広げていくような人に、情報やチャンスが集まってきたのだと思います。内向的な私のところに、転職の誘いが来ることはなかったかもしれません。

ところが、誰もがネットで発信できるようになり、自ら動かなくても情報が勝手に広がる社会になりました。その結果、内向的な人でもネットにプロフィールを載せるだけで、ピンポイントで見つけてもらえるようになったのではないでしょうか。

地図よりもコンパスをもち、好きな人を信じる

さて、面接に進んだ私は、無駄に「良いところ」をアピールしようとせず、相手のことを「好き」になれるかどうかで転職を決めようと思いました。

もちろん給与やアメリカの本社の戦略などは大事な「情報」なのですが、そうしたことは実際入ってみないと本当のところはわかりません。面接官がウソをつくはずはありませんが、移り変わりの激しいネット企業は、新規事業が始まったり予算が変わったりして、戦略が変わることもある。

それより、就任したら頻繁に連絡を取り合うであろう、目の前のアメリカ人の幹部のこ

とを好きになれるかどうか、何があっても共に働けるかを考えるほうがよっぽど大事だと思いました。

画期的な発明やアイデアを次々に生み出すアメリカのマサチューセッツ工科大学の「MITメディアラボ」の所長を務める伊藤穰一さんは現代社会について、「地図よりコンパスの時代だ」と主張しています。

地図にも載っていない、見知らぬ土地を歩くときに役に立つのは、既に世の中にある場所や道が描かれた地図より、方向感を確かめる「コンパス」のほうだ、ということです。

画期的なビジネスが次々と生まれ、人工知能やロボットが職場にも入ってくる時代はもう目の前。そのような変化が激しい時代では、キャリアプランや人生の戦略といった事前に描かれた「地図」よりも、臨機応変に、そのときその場で自分の進むべき方向や指針を見極められる「コンパス」が求められています。

私にとっての「コンパス」は、「本当に面白い人と出会って好きになったら、その人といっしょに働く」です。

苦手な人間関係にすり減っていては人生がもったいない。自分が共に過ごしたいと思った相手を追いかけてキャリアを築いたほうが良い時代なのです。

ハフポストに転職するときは、確かに迷いました。当時、ハフポスト日本版はまだまだできて3年のインターネットメディア。いつ潰れるかもわかりませんし、名前を知らない人も多い。

長男は小学校3年生で、これから何かとお金がかかる時期です。朝日新聞社にいれば少なくともある程度は食べてはいけるし、給料も安定していました。

それでも、面接をしてくれたアメリカ本社のニコラスという人が、入社後に私のパートナーになることを知り、彼とは「感覚が合うな」と思えたのです。これまで1章から2章でお伝えしてきたような手法もいくつか使いました。

私にとって最も重要だったのはニコラスとピンポイントで出会ったこと。極端なことを言ってしまえば、転職を決断した理由はそれだけです。

があったからこそ、今の私のキャリアがあるのです。

ピンポイント人脈で経営者になる

ピンポイント人脈の力で、経営者になることも可能です。

沖縄で靴屋を営んでいる私の友人、秋山淳一さん。もともとは東京出身です。彼は学習院大学を出て、大手化粧品会社に入りました。ところが、大学の先輩に誘われて、たまたま行った沖縄で、ある健康食品会社の社長と出会いました。

この社長さんは、「会話を大切にする経営」を心がけていました。朝礼は1時間をかけてたっぷりと行い、時には3時間まで延長することも。

朝礼で自分の考えを一生懸命社員に話し、お客さんと接して嬉しかったときのエピソードをみんなで共有します。また、子どもの調子が悪い社員がいれば、同僚同士で助け合います。

さらに、「社員の心がすさむような営業はさせたくない」と、手当たり次第に電話をして商品を売り込む「テレアポ」は避け、その代わりお客さんからかかってきた電話には30分でも1時間でも話し込むそうです。

秋山さんはこの社長さんのことが「好き」になり、思い切って化粧品会社をやめて、その健康食品の会社に就職しました。

しかし、10年勤めて健康食品会社の役員になったあと、今までと違った挑戦をしたくなってやめます。

その後、たまたま福岡で出会った靴職人のことが、またしても「好き」になります。

靴を買いに来たお客さんが入ってきた瞬間から歩き方に注目して、できるだけ負担のない靴をお客さんの立場になってすすめるその徹底したビジネス哲学に惹かれたそうです。

お客さんのことを単なる顧客ではなく、一人の人間としてつき合うビジネスのスタイルが、沖縄の健康食品会社の社長さんと似ていたのでしょう。

秋山さんにとって靴づくりはもちろん未経験でしたが、思い切って弟子入り。どんどん実力をつけて、その後沖縄で「靴屋」を開きました。

社長さんとも靴職人とも今でも仲が良く、秋山さんは地元のお客さんに愛される経営者になっています。

目立たない「英雄」に注目する

秋山さんは物静かなタイプです。東京にいる大学時代の同級生や自身が新卒で入った化粧品会社の当時の同僚と違って、あくせく「異業種交流会」に出たり、社内ネットワークを広げたりしているわけではありません。

どちらかというと、人と話すのが苦手だそうで、東京のビジネス雑誌に出てくるような「キラキラした会社員」を見ると気後れするとのこと。

それでも、秋山さんは**「これからどこに住んでいても、何をやっても、生きていく自信がある」**と言っています。

秋山さんは社会人になって十数年、常に好きな場所で働いて、好きなことを仕事にしてきました。その秘訣について聞くと、「自分は、人生の戦略を考えたことはありません。

その後のキャリアもそうですが、目の前にいる魅力的な人に突き動かされるタイプです」

という答えが返ってきました。

沖縄の健康食品会社の社長さんも、福岡で出会った靴職人も、そして秋山さん自身もビジネス雑誌を賑わすような華やかさはないかもしれません。それぞれが目立たないヒーローです。

しかし、秋山さんのように「好きな人」と深くつながるピンポイント人脈を大切にしていけば、結果的に普通の人とは違うあなた独自のキャリアを形成することができるのです。

メリット1 独自のキャリアが形成できる

気が合う人、感覚が合う人がいたら転職する

ピンポイントでつながった人たちと次々一緒に働く

PINPOINT

メリット② 新規プロジェクトがうまくいく

「暗黙のルール」を壊せる人を探す

ピンポイント人脈のメリットとして2番目に伝えたいのは、新規プロジェクトの立ち上げがうまくいくということです。

まずは、私がスタンフォードに留学していたころに出会った経済学者の故・青木昌彦教授の「研究」についてお話しさせてください。日本人初のノーベル経済学賞の候補者とも言われていた方です。

残念ながら青木教授は亡くなってしまったのですが、晩年のころ、大学でお話しする機会がありました。教授の研究テーマの一つは「制度」。

終身雇用やメインバンクなどの「日本的な制度」はなぜ存在し、どうして変わらないのか。青木教授は、制度の裏にある「暗黙のルール」に着目していました。

たとえば終身雇用は、働いている人が、同じ会社で定年まで働くという、日本の大企業などに見られる制度です。

しかし、そうした「決まりごと」は誰かが強制的に決めたルールではありません。それでも、かつて日本の大企業に働いていた会社員は、「会社は自分のクビを切らないはずだ」と盲目的に信じていました。一方、経営者側は「働いている人は会社に忠誠心を持ってくれ、定年まで勤め上げるだろう」という勝手な想定をしていました。

両者の間に「暗黙の了解」が存在し、やがてそれが根付き、ルール化していくのが「制度」の正体です。

しかし、と青木教授は言っていました。**「変わり者」の誰かが「ルールが古くさくなっているぞ」と気づいて、別の行動をして、異なるルールでプレイした時点で、暗黙の了解がガタガタと崩れます。**その結果、新規プロジェクトが立ち上がったり、組織変革が可能になったりするのです。

1997年の山一證券の破綻で「大企業神話」が崩れました。

それ以降、「終身雇用のゲーム」から抜け出す人が増えた、というのが私の印象です。働いている人が、自分の会社に「一生いるつもりはない」と思えば、企業もそうした社員がいることを想定して人事制度や仕事内容を変えていかないといけません。

社員も経営者側も、お互いに、いつ社員が会社をやめるかわからないという前提で一から制度が生まれ変わるのです。そして、それに合わせてまた社員の意識や働き方が変わり、ビジネスのやり方も変わっていく。

世の中にある「暗黙の了解」は、根拠が特にない「裏ルール」でもあります。一度ヒビが入るとすぐに壊れてしまうような、非常にもろいものなのです。

「ルールが古くさくなっているぞ」と気づく誰か。軽々と組織の枠組みを乗り越えてしまう誰か。その人を、青木教授は「越境者」と呼んでいました。

ハフポストでも、チームで仕事を進めていますが「越境者」になり得る存在や発言に、いつも注目しています。そういう人がいないと新しい企画やプロジェクトを始めるきっかけや、組織の編成を見直したりする機会を失ってしまい、今の世の中では生き残れません。

そして、その越境者は組織の外にいる場合もあるのですが、探すのが本当に難しい。なぜならそうした越境者はわかりやすい肩書きがあったり、メディアに出て誰もが知っている有名人だったりするとは限らないからです。むしろ知る人ぞ知る人であったり、これまでの既存の基準では、レーダーに引っかからない人だったりすることが多い、というのが私の実感です。

そんなとき、ピンポイント人脈の「なんかこの人好きだな」という感覚が非常に効いてきます。

肩書きや他人からの評価、立派な経歴は「頭で考えた基準」ですが、好きかどうかという基準は「心で考えた基準」です。

後者の方がより多様で、ピンポイントに「隠れた越境者」を探すことができるのです。

好きな人を見つけてから、新規プロジェクトを始める

越境者とピンポイントにつながることで、新規プロジェクトが始まった事例を紹介します。

あるとき、「面白い人がいる」と紹介されたのがフリーランスの動画ディレクターのクリストッフェル・ラーゲ・クランツさんという40歳の男性です。スウェーデン生まれで、スウェーデン語、英語、日本語、ポルトガル語、スペイン語の5カ国語を操るとのこと。たしかに動画はネットメディア業界でもっとも注目されているスキルの一つです。ネットメディアの編集長という仕事柄、動画制作が「うまい」と言われるプロの方を何人か私は知っています。しかし、クリスさんは動画界の有名人というわけでもありませんでした。

私は、見ず知らずの人と会うのが億劫になることがあります。その人のことを調べたり、こちらも企画書を用意したりするなど事前の準備も大変です。

ただ、私は信頼できる「好きな人」からの紹介の場合は何も考えずに「会う」ようにし

ています。話の内容や肩書きではなくて、「好きな人」からの提案だったら、「会って欲しい人がいるんですけど……」と言われた瞬間に「いいですよ」と即決します。

万が一、会ってからピンと来なければ、その後はつき合わなければいいだけです。決断がはやい方が信頼も生まれ、ますます好きな相手との結束が深まるものです。

実際、クリスさんに会ってみたら、就職活動や受験など日本の社会や制度を「ユニークな視点」で見ている点に共感しました。

しかし、当時のハフポストは動画コンテンツをそれほどつくっておらず、私には、動画のプロフェッショナルであるクリスさんに、どう関わってもらうのか、まったくアイデアがありませんでした。

それでも、「好きだな」と思ったからその後もゆるやかに関係を維持していました。

そのあと偶然にも、大手インターネットサービス会社「NTTぷらら」と「イースト・ファクトリー」から、ネット動画の制作依頼が舞い込みます。これまでハフポストは「ネット記事」が中心の媒体でしたが、動画ニュースを制作することが、新たな事業の柱になる可能性もあり、即決で挑戦することにしました。クリスさんにネット動画のディレクションを頼んだのは言うまでもありません。

新しいアイデアやプロジェクトは一人の個人から始まることが多い。

だから**職種を決めてから人を雇うのではなく、一緒に仕事をしたいと思った人とつながってから、仕事をつくっていくのが新規プロジェクトを成功させる秘訣**だと思います。

まず「ピンポイント人脈」で土台をつくってからすべてが始まるのです。

ピンポイント人脈でつながった「越境者」の視点を生かす

クリスさんが動画制作チームに入ってくれたおかげで、私たちの編集部に「新しい視点」が導入されました。

たとえば、ネット番組のスタジオのデザインを考えていたときです。最初に仕上がったデザイン案が派手だった点を気にして、クリスさんが「待った」をかけました。

「日本のテレビのニュース番組は進行が慌ただしいですよね。みんながじっくりと『会話』をするような番組をつくりたい。スタジオというより、誰かの部屋に遊びにきているような柔らかい雰囲気を出したいですね」。クリスさんがとうとうと語ります。

クリスさんは、BBCやCNNなどの英米系の番組だけでなく、スウェーデン、ブラジル、ノルウェーの番組を調べ、海外のスタジオのデザインの研究をしてくれました。

当初のスタジオセット案のイメージは未来感があって、一見かっこよいので、私も気に入っていました。

しかし、クリスさんはデザインをやり直したい、と言いました。その提案なども参考となって完成したのが次のページの写真のようなスタジオです。ニュース番組特有の堅苦しさがなく、ソファーに腰掛ける雰囲気が出ていて、スタジオに呼んだゲストと楽しく会話ができるような雰囲気が生まれました。

新しい視点でデザインを変えた

ニュース番組の堅苦しさがなく、ゲストと楽しく
会話ができるスタジオに

ハフポストはアメリカのニューヨークで生まれたメディアなので、「海外目線」が一つの特徴です。英語を話せるメンバーも当然そろっていますし、アメリカ大統領選挙などの話題に強い。

ただ、クリスさんと会って、自分たちが無意識のうちに「アメリカ寄りの海外目線」をもっていることに気づきました。

今回の件でクリスさんが、アメリカの事例だけでなく、北欧や南米についても調べてくれた結果、私たちの視野が広がったのです。

ゼロから「専門家」になり、答えのない課題に向き合う

現代は変化が激しい時代です。動画のことを一つとっても、必要な技術の移り変わりが本当に速い。

かつてはテレビ中心だった動画視聴のあり方はスマホの登場によって変わりました。スマホで動画を見る人も実に多様です。Twitter などのＳＮＳで30秒程度の短い動画を観る人

もいれば、YouTubeで20分ぐらいの動画を寝る前に観ることを楽しみにしている人もいます。将棋の対戦を生中継で延々と観る人もいます。

さらに今後は、5Gという新しい通信技術が広まる予定です。大量の動画データを高速にやり取りできるようになるので、映画や長編ドキュメンタリーをスマホで観る人も増えそうです。

ハフポストにとってスマホ動画は重要なコンテンツとなります。しかし、クリスさんはテレビ業界出身だということもあり、インターネットやスマートフォンを使った動画づくりは苦手な部分もあります。彼より能力が高い人はいくらでもいるでしょう。

それでも、大事なのは「この人のことが好きだ」という前提です。

これからの社会は、誰も「答え」を持っていないビジネスの課題と山ほど向き合わないといけません。**頼れる「専門家」がいないのであれば、自らが、ゼロから始めて「専門家」になる必要があります。**そのためには「ピンポイント人脈」を築き、好きな人とどんどん挑戦していくしかないんです。

もちろん仕事なので、細かい「齟齬《そご》」は日々発生します。仕事をめぐってクリスさんと激しいやり取りをすることも少なくありません。

ただ、最後はこの人といると心地よいという信頼感さえあれば、乗り越えられないハードルはありません。

メリット2 新規プロジェクトがうまくいく

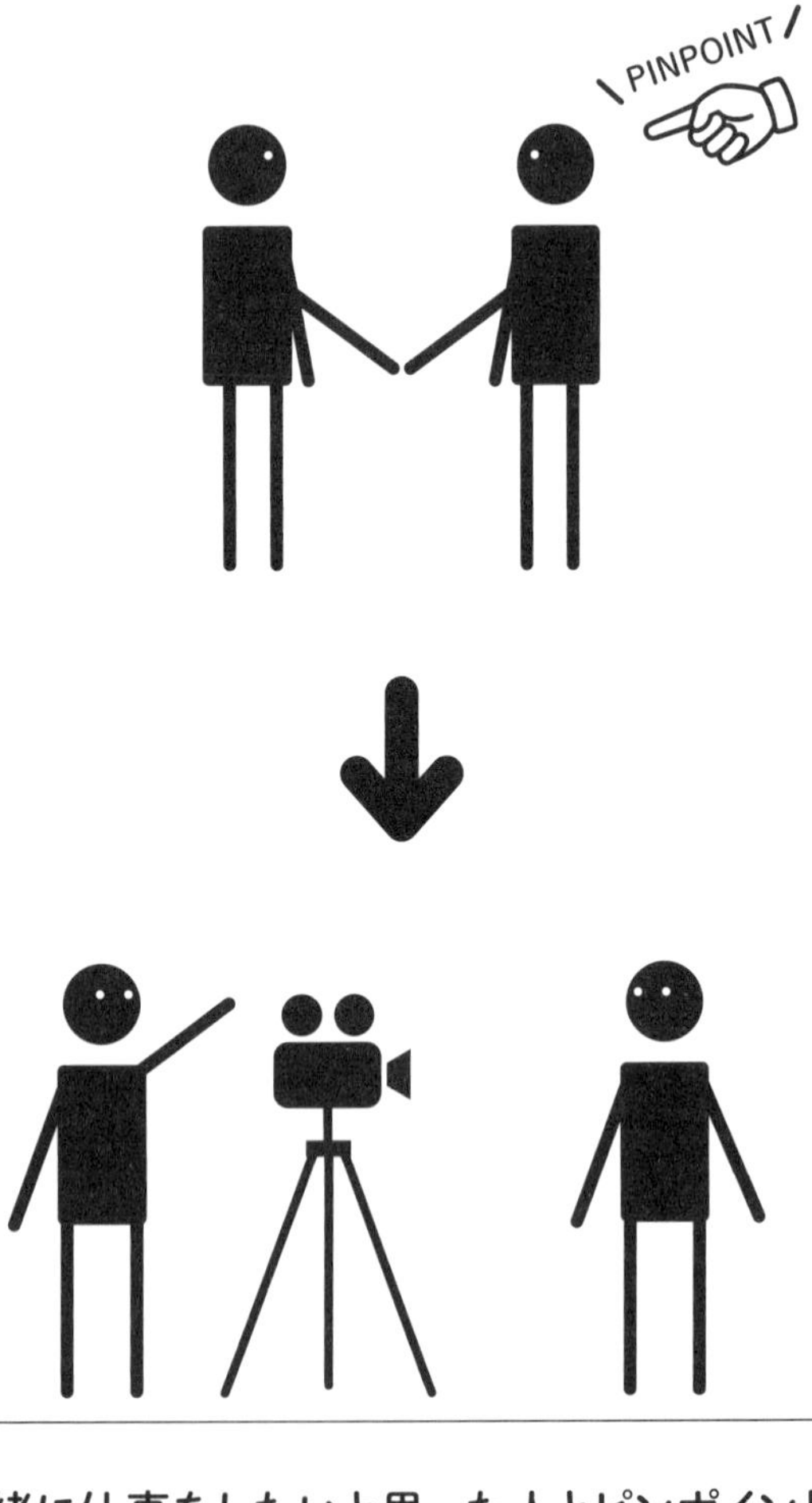

一緒に仕事をしたいと思った人とピンポイントでつながってから仕事をつくっていく

PINPOINT

メリット③組織を変える

一人とつながれば、中から組織を変えられる

ピンポイント人脈のメリット、最後となる3つ目は、組織を変えられることです。同じ組織の中の「好きな人」と「ピンポイント人脈」を築き、一緒に会社を変えていく方法についてお伝えします。

今の日本では、会社だけでなく、「マンションの管理組合」でも「サークル」でも、あるいは子どもが通う「学校」でも、ありとあらゆる組織が変革を迫られています。

人口が減り、日本の経済がずっと伸び悩んでいます。みんながかつてはうらやんでいたような大企業では不祥事やリストラが相次ぎ、学校現場でも「そもそもPTAは必要なのか」という根本的な問いが発せられています。2020年度からはセンター試験に代わる

新テストによって、知識をためこむだけではなく自分で考えることのできる人材が大学受験で選抜されるようになります。

すべての組織が変わらないと生き残れない、厳しい時代です。

しかし、当たり前ですが、組織の改革を実践するのは並大抵のことではありません。普通の会社員だったら、上司を説得して、同僚を巻き込んで、さらに役員に向けて企画書をつくらないといけないかもしれません。あるいは、人事制度や予算の仕組みを抜本的に変えないと、一歩も動けないこともあるでしょう。

そのような状況にあっては、行動する前に絶望してしまいます。仮に動き出したとしても、たくさんの人を説得しようとする中で、結局は疲弊して頓挫してしまうのが実情ではないでしょうか。

もちろん、私も同じです。私はどちらかというと、普段から多くを話すタイプではありません。組織のトップとして失格だということはわかっているのですが、部下とランチに行ったり一緒に飲んだりするのも苦手です。

先日も、ある部下をおよそ1年ぶりに昼食に誘ったら、「よっぽど深刻な話をされるのだと思った」と驚かれました。

そんな私にとって、「組織を変える」ことは非常にハードルが高い。社内の人全員と濃厚な人間関係を築き、大それたことをしなければならないように感じます。引っ込み思案の人にとっては、ハードルが高いのです。


でも、実は自分と同じように、ちょっと変な人や、内向的だけど秘めた情熱がある人など「好きな人」をたった一人でも捕まえれば、組織は変わるのです。

会社に仲間がいないとき、まずは自分一人で考える

東京都内に住むFさんという40代前半の男性を取材したことがあります。

Fさんは、営業パーソンをしていました。勤めていたのは、ウェブ制作会社で、社員数は200人ほど。会社は順調に売り上げを伸ばしていたのですが、あるとき、急に業績が

低迷し始めました。

原因は、同社のコンサルティング事業の急速な需要減です。

この会社は、大手メーカーなどのウェブページを制作するだけでなく、取引先の会社のネット戦略全般を考えるコンサルティングも事業として手がけていました。ウェブページをつくったあと、それをどうやってお客さんにPRするのか、ネット上で企業ブランド力をどう高めていくのかを助言する、収益性も高い「花形」の仕事でした。

ところがネットの普及とともに、取引先の社内でも、デジタルの知識を持った人が増えていきます。やがて外部からのアドバイスが必要なくなり、コンサル事業の単価が下がり、取引を停止するクライアントも出てきました。

社長は急にFさんを「新規ビジネス担当事業部長」に任命します。売り上げの低迷を新しいビジネスの収益で埋め合わせようとしたということでしょう。

ただ、Fさんは孤立無援でした。当時、この会社には、分野ごとに事業部長が5人いたようですが、40~50代が多く、当時30代前半だったFさんは「大抜擢」だったため、嫉妬もあってなかなか社内の協力者が見つからなかったようです。

さらに、「新規事業」といっても何をしたら良いかまったく分からない。Fさんは次第にふさぎ込み、誰とも口をきけない時期もありました。

Fさんは、じたばたせずに一人で熟考をしました。

こういうピンチのときほど人は動き回ってしまいますが、Fさんは**勇気を出して、一人でじっくりと考える時間**を合間合間で確保していったのです。

悶々としていたFさんはあることに気づきます。日本企業もウェブに関する知識が増えて、デジタル戦略を自社でできるようになったのは事実なのですが、ウェブページには「地味な仕事」も必要です。一度ページを立ち上げると、細々と文章を更新したり、小さな広告バナーを付け替えたり、エラーが発生していないか日常的に監視したりする必要があります。これらは、「縁の下」的な仕事で誰もやりたがりません。しかし、放っておくと大きなミスの原因にもなりえます。

そこでFさんは、会社のコンサル業を思い切ってやめて、こうした地道な仕事を担う「お助け業務」を新規ビジネスとして始めることを思いついたのです。

電卓をはじいてみると、コストがかかるのは社員の人件費が主で、利益率が他の事業と比べて高いことが分かりました。

ニーズをヒアリングしていくと、華やかなコンサル業より需要が何倍もあり、どこの会社もウェブサイトの保守点検に困っていることもわかりました。

当時、会社は売り上げが下がり危機的状態。事業部長同士で責任のなすりつけあいが始まり、「自分のところは悪くない」「あいつの事業部がきちんとしないから会社は悪くなるんだ」という陰口が蔓延していました。飲み会を開けば、「会社が良かったころ」の思い出話だけで終わってしまい、解決策は一つも出てきません。

そんな状況にもかかわらず、Fさんが会社の幹部らにいくら「お助け業務」を始めたいと訴えても、「そんな泥臭いビジネスはやりたくない」と一蹴されます。

Fさんは私に思い出すように当時のことを語ってくれました。

「『お助け業務』の方が良い、といくら数字を示して説明をしても、誰も動いてくれませんでした。自分は八方美人タイプでもなかったので、社内に仲間も多くなく、あの頃は非常に孤独でした」

しかし、あるときそんなFさんの困った姿に気づいた2つ年上の先輩が声をかけてくれました。

「『お助け業務』ってそんなに良いというのは本当？　数字を見せてほしい」。そう語りかけた先輩は数字を見て「利益率の良さ」に驚き、「手伝う」と申し出てくれました。

将来の仲間に刺さるよう、自分の好きを発信し続ける

Fさんは、今でもそうですが、友達が少なく、異業種交流会などは大の苦手。見知らぬ人と出会うとモジモジしてしまいます。大勢でワイワイするよりも、一人でいるほうが好

きな、内向的なタイプです。

ただ、「数字で考えること」が好きで、同じような価値観を持つその先輩とは仲良くしていました。

その人とは、一緒に仕事をしたり同じ部署になったりしたことはないのですが、「妙に気が合った」と言います。食事をしたり、雑談をしたり、人づき合いが苦手なFさんでも、先輩とだけは何かと関係を保っていたそうです。

Fさんは、声をかけてくれた先輩とじっくりと仕事を始めます。組織に改革の火をつける前に、じっと充電する期間を設けて、熱量を貯めることからスタートしたのがポイントです。

業績が傾いている会社は、「マイナス思考」が蔓延してしまうため、保守的になりがちです。失敗が怖くなって、新しいことにチャレンジして打開策を探らなくなるのでしょう。

そこで二人は、「お助け業務」の利益率の良さや、世の中から必要とされている根拠を紙に書き、会議や雑談の場でひたすら同僚や上司に語りかけました。

そんなに社交的ではないFさんも、**先輩と一緒に社内説得を始めると、「違う自分」になれた**、と言います。

もちろん社内の空気は暗かったので、冷たくあしらわれることも多かったといいます。それでも、最終的には先輩という「理解者」がいるという安心感から、Fさんには自分でも思わぬ積極性が生まれました。

仲間とマッチを擦って火をつければ、組織は動く

そんなふうに二人が必死で社内をまわっていると、だんだんと社内の雰囲気も変わってきました。真冬の寒い森の中で、誰かがマッチを擦ってポッと炎がつくように、周りの人たちが「熱」に気づき始めたのです。

手伝ってくれる数人ぐらいの人で、まずは試験的に「お助け業務」を始めたところ、取引先の評判も良く、売り上げも出るようになりました。さらにFさんがやることに反対し

ていた事業部長が転職したのです。

会社の雰囲気も変わり始め、ほかの部署の社員も仕事でちょっとした工夫をするようになったり、新しいことを考えるようになったりして、会社の業績が上向き始めました。

「会社にはイノベーションが必要だ」と大上段に構えて大人数の社員を説得したり、社長が朝礼や全社員メールなどで号令をかけたりしても、組織は簡単には変わりません。

しかし、普通の社員でも、**ピンポイント人脈でつながった人と一緒に、熱量を持って動き続けることで組織を大きく変える**ことができるのです。

Fさんはその後、妻と一緒に起業して、現在は小さな会社を経営しています。「少人数で働く」ことが性に合っているようです。

Fさんがやめた会社は、その後どんどん業績が良くなって上場を果たし、今は100億円近い売上高の企業に成長しました。一緒に新規事業を進めた先輩は役員に出世しましたが、会社の「中興の祖」は、カリスマ経営者でもやり手の営業パーソンでもなく、物静かなFさんだというのが私の認識です。

内向的な人の方が客観的に問題点を把握できる

Fさんが成功した理由は、「数字がわかる人」という自分がわかり合える好きな「人物像」がハッキリしていたことにあります。

どんな人が好きなのか、という自分の中の定義を持っておくことは非常に大切です。そうしないと好きな人と出会えず「ピンポイント人脈」を築くことはできません。

組織を変えようとするとき、まず部下や後輩など「声をかけやすい」人に働きかけたりする人もいると思います。ただ、部下や後輩は立場を考えて、表面的には言うことを聞くように見えるかもしれませんが、組織改革の本質が理解されなければ成功はしません。

組織を変えるときは、必ず反発があります。変えるための「理由」がどれだけ正しくても、人はすぐには動きません。Fさんのミッションは「会社が潰れそうになるから、新しい事業をやらないといけない」というシンプルなものでした。誰も反対しないようにも思えるのですが、人間は不思議なもので、正しいことを理解する前に、感情的な反発に左右されてしまいます。

そんなとき、**武器となるのは、理論より、ピンポイント人脈でつながった人からのサポート**です。

Fさんも、社内で孤立していた時期もあまり気にすることなく、一人でじっと「会社の売り上げのためにできる新しいビジネス」のことを考え続けていました。

そして手当たり次第に社内の人に声をかけたり、がむしゃらに動いたりするよりも、まずは自分が好きだった先輩を頼りました。

ちなみにFさんが会社をやめて7年ほどたっていますが、役員となった先輩から仕事を受けるなど良い関係はいまだに続いています。

うまく前に進まないからといって絶望をしてはだめです。上司や同僚と人間関係をうまく結べない自分を責めるのではなく、相手に関心を寄せずに、やり過ごせばいいのです。

会社の部下や直属の上司など職場の人と、どうしても合わない、というのは誰にとっても起こり得ることです。むしろそれが普通で、好きな人とばかり働いているという人はまれなのではないでしょうか。

自分は内向的だ。会社の人間関係で悩んでいる。そういう人は、決してあきらめないでください。むしろ希望を持ってください。

みんなから仲間はずれにされて、孤立しているぐらいがちょうどいいんです。会社など組織の状況を客観的に見ることができますし、そういう「外からの目線」がいまの日本には必要です。そしてそんなときは、たった一人でもいいので、自分が「好きな人」を社内で見つけてください。

その人と一緒に、熱量をためてから動き始めれば、必ずどんな会社も変わると信じています。

ピンポイント人脈は会社を変える力を持っているのですから。

メリット3 組織を変えることができる

1

自分の好きなタイプの人物像をはっきりさせ
ピンポイントでつながる

2

「好きな人」と熱量を溜めながら動き始める

CHAPTER 4

4章

【実践編】ピンポイント人脈でチームをつくる3ステップ

CHAPTER 4

私たちが人間であるという点ですべて同一でありながら、だれ一人として、過去に生きた他人、現に生きている他人、将来生きるであろう他人と、けっして同一ではない。

ハンナ・アーレント『人間の条件』

PINPOINT

ステップ①
チームをつくるための「好きな人」を見極める

つながった人を「チーム」にしていく

これまで、日本の社会が大きく変化して、組織の構造がひっくり返り、個人が肩書きや会社名にとらわれずに、次々とつながっていく現代について書いてきました。

それは外向的で何事においても積極的な「人脈モンスター」ではなく、内向的な人にとっても大きなチャンスが訪れるときでもあります。

自分にとって「好きな人」とつながる、ピンポイント人脈の時代です。**自分の感情と常に向き合い、自分の「好き」を熟知している人ほど、活躍して結果を出せる**ようになりました。

最後となる4章では、ピンポイント人脈の「実践編」を書きたいと思います。

自分の内面を見つめ直し、「好き」な人を具体的にどうやって見つけていくか。

「この人だ」と思える人はどのようにすれば見つかるのか。

そして最後は、ピンポイント人脈を、仕事や人生に生かすための自分だけの特別な「チーム」にどうダイナミックに昇華させていくのか。

1章から3章の内容も復習しながら、具体的に見ていきたいと思います。


ステップは大きく分けて次の3つです。
①チームをつくるための「好きな人」を見極める
②好きな人との「熱気」を保ち続ける
③変化の激しい時代のチームづくり
一つ一つ具体的に説明させてください。

旅先でLINEをしたくなる人が「好きな人」

ピンポイント人脈を築くうえで最も大事なことは、「あなたが好きな人は誰か」を知ることです。スタンフォードで学んだ私の7つの人脈術については、2章で説明した通りですが、よりシンプルな「方法」があります。

まず一番良い方法は、**旅先で綺麗な風景を見たり、驚きの体験をしたりしたときに、まっさきにそのことを伝えるために誰にLINEをしたいか**、というものです。

これは、普段の自分の家族、友人、職場関係など日常的な生活圏の「外」に行ったときに、思い出す人のことを指します。

「テクノロジーによって、私たちの社会は〝なめらか〟になっていく」という主張があります。スマホがあればなんでも調べられるし、クレジットカードや交通カードを持ち歩けば、買い物や移動が以前より少ないストレスでできます。

もちろん旅先でも海外でも、スマホがあればスムーズに行動はできます。しかし電車の乗り降りから食事まで日常と勝手が違うちょっとしたことに苦労したり、あるいは普段見慣れない景色を見たりしたときは、思考が研ぎ澄まされます。

つまり、**旅先で「日常の安全地帯」から抜け出したとき、言葉では表せない「仲間意識」が生まれるのは、どこの誰なのか。それが「好きな」相手であり、ピンポイント人脈のコアとなる人**です。

私は旅行から帰ったあと、自分のＬＩＮＥの履歴を見て、「好きな人」をあらためて確認します。なお、繰り返しになりますが、ここでいう「好き」とは恋愛感情ではありません。

性別を問わず、この人といて楽しいな、この人の生き方がいいな、この人と同じ空気を吸っていても心地よいなという相手のことです。

「最近1万円何に使った？」と相手に聞いてみる

ＬＩＮＥなどの連絡先を知らなかった場合、好きな人を見極めるには「会話」が有効です。

私はそのとき、「キラークエスチョン」と呼ばれる質問を使っています。決定的なゴールを演出する、サッカーの「キラーパス」と同じような意味で、この質問に答えられるかどうかで「好き」になるかどうかを参考にするのです。

1つ目のキラークエスチョンは「AI（人工知能）であなたの仕事や人生ってどう変わると思いますか」という質問。

私がいるメディア業界にたとえて考えると、人工知能がインタビュー相手の言葉を記録して瞬時に記事にする世界がやってくることは予測できます。人間の記者の仕事がなくなっていく。あるいは、もし金融業界にいる人でしたら、お客さんの対応やローン審査などは機械が速くこなせるはずなので、いまその担当をしている銀行のスタッフはいなくなります。

この質問をすると、相手が、自分の仕事の構造を抽象的に理解し、なおかつ未来予測ができる人かどうかが分かります。そういう人と仕事をしていかないと、時代から取り残されますし、私はそんな風に未来のことを考えている人が好きなのです。

ＬＩＮＥをする相手の話と同様、ポイントはいつもの「環境」の「外」に身を置くこと。「今いる場所（現在）」から「未来」のことを考えるという意味では未来は「外」です。未来の自分を考えることは、海外に行くことと、ある意味似ているところがあります。

未来に対する少しばかりの不安感と焦り、そしてその後にやってくるワクワク感。そのとき誰といたいか、誰と一緒に未来を見たいのか、がすごくよくわかる質問です。

もう一つの「キラークエスチョン」は、「最近、1万円を何に使った？」というものです。1万円というのは決して安い額のお金ではありません。食事をすればそれなりのものが出てくるし、本を何冊も買うことができます。

この質問に対して、「夏休みに書店で1万円分の本を買うのが何よりの楽しみだ」と答えた知り合いがいますが、「すてきだな」と思いました。飲み会に行かず、ギャンブルをやらず、旅行もあまりしないタイプなのですが、一生懸命稼いだお金の使い方に「自覚的だな」と感じました。

同じような質問を、仕事で知り合った放送作家の岡伸晃さんにしたことがあります。

岡さんは「寿司」だそうです。1万円よりは多かったのですが、岡さんは毎週のように2万円の高級寿司を食べに行くのが趣味です。給料のほとんどを使っているといいます。

自分にはとても真似できないなと思いました。しかし岡さんは「ボクシングの試合」や「演劇」など他のレジャーと比べてみると、「そんなに非常識な金額ではない」と考えているそうです。熟練の職人の華麗な手仕事の「舞台」を見ることができるお寿司屋さん。しかも食事もついてくる。「寿司はエンターテインメントだ」と岡さんはいつも語っています。

今の寿司職人は30〜40代の新しい世代が活躍しているため、岡さんと同じ年代の人が包丁1本で、海外のお客さんにも通じる寿司を握っている姿は刺激になるそうです。

魚を切ったり、ネタを出したりするちょっとした姿を見ているのも楽しい。自分が好きなものがハッキリしていて、そこにお金をかけることで深い洞察が生まれていました。

何にお金を使っているか、を聞くと人の本質が見えてくるのです。

本当に「好き」かどうかは、一緒に散歩して判断する

キラークエスチョンを使えば、相手に関して多くのことがわかります。

ほかに有効な方法は、一緒に散歩をすること。こちらは、相手のことがかなりハッキリと分かります。

私も、時には、歩きながら取材先にインタビューするときもあるし、散歩をしながらビジネスや企画の話を相手とすることもあります。

歩幅と呼吸をあわせながら、体を動かすのは、とても良いものです。相手との距離感、言葉のチョイス、そして短い時間（散歩なので長くても10分前後でしょう）での話の展開方法。どれも相手を好きになるかどうかを判断する重要な要素になります。

「ちょっと散歩しましょう」と声はかけにくいかもしれませんが、たとえば打ち合わせが終わったとき、「最後に話したいことがあるので、駅までご一緒しますね」とか、煮詰まった会議の途中、「歩きながらブレストしましょう」と言ってみるのも手です。なにか散歩をする「きっかけになる言葉」を考えてみてください。

古代ギリシャの哲学者、アリストテレスも散歩をしながら講義をしたといわれています。「散歩判定法」が象徴するように、「好き」といった感情は自分一人の中で生まれる感情ではなく、会話を通じて相手と自分の「あいだ」に生まれるものです。

そしてそれは言語を使わない身体的コミュニケーションでこそ気づくことができるのです。

人工知能、グローバル化、そして日本の人口減少。これからの時代はチームで乗り切らないといけない難題が待ち受けています。そのとき、「物理的」に隣にいて仲間意識が芽生える相手は誰なのか。

適切な距離感を保ちながら、思いっきり一緒に戦ってくれるのか。そんな相手に出会える可能性があるのも散歩の醍醐味です。

ステップ1 好きな人を見極める

1

旅先でLINEをしたくなる人かで判断する

2

キラークエスチョンを投げかける

3

一緒に散歩をしてみる

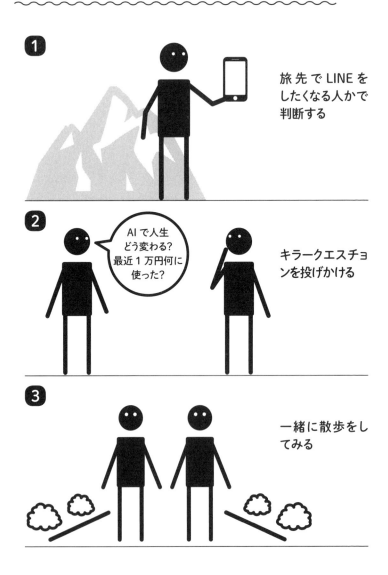

PINPOINT

ステップ②
好きな人との「熱気」を保ち続ける

好きな人が声を上げていたら、そっちに振り向く

好きな人が本気で声を上げていたら、かならず私は振り向くようにしています。

これは好きな人を見つけたあと、その後のチームをつくるために、関係を維持させ、よりつながりを効果的なものにする有効な手法です。

3章でも書いたMITメディアラボ所長の伊藤穰一さんの「地図よりコンパスの時代だ」という言葉をもう一度思い出してください。

これだけ先行き不透明で、変化のスピードが激しい時代において、事前に決められた計画書などの「地図」よりも、自分の好みややりたいことの「方向」を知る方法を一人一人

が身につけていたほうがうまくいくという発想です。

とはいえ、自分だけのコンパスをもっていても、それが間違っている可能性がありま す。どれだけ感度を鋭くしたり、信頼できる上司や部下からの報告があったりしても、それが正しいとは限りません。

きょうの売上は明日にはゼロになる可能性があり、コンサルタントがつくる市場予測はあくまで過去のデータの積み重ね。そんなとき、頼りになるのが信頼できる好きな人からの叫び声です。

本当に大切で好きな人が声を上げたら、そっちに振り向く。私はその行動原理を非常に大切にしています。「こっちのビジネスがいま熱いよ」「あなたのキャリアはこっち向きだよ」「企業としてこちらに進んだ方がうまくいく」「これは絶対面白いからやってみて」「この人に会って欲しい。きっと馬が合うから」。

そんな声が「好きな人」から聞こえてきたら、私はまず振り向き、二つ返事でOKをして、さらに細かいことを聞かずに、自分も応援したり、そっちの方向に人生やメディアビジネスの舵を大きく切ったりします。

細かいことは後回し。好きな人が叫んだら振り向いてうなずく。失敗するのを怖がらなくてすみますし、必ず新しい発見があります。そして、声に応えてくれたあなたに、相手も喜んでくれることは間違いありません。

相手に自分を好きになってもらう3つの方法

相手の声に応え、好きな人に振り向いてもらうのも大切ですが、逆に自分自身も相手から気になってもらわないといけません。

そんなときは、先ほどの「キラークエスチョン」が役立ちます。それを自分に向けて問いかけてみて、人間的な魅力を上げるのです。今の自分の仕事はＡＩでどう変わるのか、1万円があったとしたら何に使うのか。

先日、普段読まないような近代アートの高価な本を私も買ってみました。無駄使いにも思えたのですが、瞬間的に読むTwitterと違って、ページをめくりながら何度も思考を重ねていく時間が久しぶりにつくれました。

数千円の高級オリーブオイルを買ってみたこともあります。ゆでたブロッコリーに塩といっしょにかけたらとても美味しくて、オリーブオイルにもこれだけの違いがあることに驚きました。

一見くだらないことですが、こうしたちょっとした「変化」を日常的に起こして、その背景を考え続けていると、仕事の雑談や食事中のトークも魅力的になります。相手から興味を持ってもらえることも増えるし、仕事のアドバイスをくれることもあるかもしれません。そして、できれば好きな相手と一緒に仕事をしてみるのがおすすめです。

自分を好きになってもらうもう一つのポイントは「発信し続けること」です。

今だと、SNSやnoteで自分の考えを発信する手段はいくらでもあります。日常のふとした気づき、仕事で得たノウハウ、そんなことを文章にしたためて発信を続けてください。発信はテキストベースだけではありません。動画や音声、あるいはイラスト、マンガにしてもいいと思います。

また、週末や休みの日は積極的に趣味のイベントに参加するのもおすすめです。

そこで自分の名前を名乗ったうえで、質問をすると、会場にいる誰かに必ず覚えてもらえます。

私の知り合いの新聞社の先輩は、毎日、自社の新聞を読んで、気に入った記事を書いた人のメールアドレスを社内のイントラネットで検索し、突然連絡をして、お茶に誘い続けたそうです。社内に仲間ができて、自分が好かれるきっかけになったといいます。

相手に違和感をあたえるような「面白いこと」をやり続ける

何より効果的なのは自分自身が面白いことをし続けることです。高校時代は面白かった人も、久しぶりの同窓会であった瞬間に「あれ？　面白くないな」と感じることがあります。

人間、どれだけ魅力的な才能を持っていても、面白いことをやり続けないと才能は磨かれず、やがて周囲に飽きられてしまうものです。

だから、とにかく面白いことをやる。

私にとって「面白いこと」の定義は、「違和感を生み出すもの」です。

圧倒的喜びでも、怒りでも、不安でも、あるいは言葉を選ばずにいうと「不快感」かもしれません。何か普段と違う、自分の生活の延長線上にないな、と相手に思わせると、「面白い人だな」と感じてもらえます。

先ほどの寿司好きの放送作家、岡さんは、寿司職人3人を新宿の施設に呼び、寿司について話し合うイベントをプライベートで開催しました。

一般的に、イベントといえば、起業家やタレントが登壇するもので、職人が出るのはめずらしい。私も参加しました。寡黙な職人さんたちなので、テレビで見るような丁々発止のやり取りがあったイベントというわけではなかったのですが、包丁を片手に寿司論を語る姿は「違和感＝おもしろさ」を感じさせる空間でした。

「違和感」を与えられる人ほど他人の心の中に良い意味での引っかかりを生み出す力があ

るのです。

アルコールに頼らずに人間関係を維持する

次に大事なのは、「お酒」に頼らないで、人間関係を維持することです。

「今度飲みに行こうよ」というのは、仲の良い人同士、職場の人同士、あるいは仕事先の人同士でよく聞かれる定番のフレーズです。しかし、ピンポイント人脈を維持するのに有効な手段ではありません。

私自身も、お酒を飲むことは好きです。新人記者時代は、九州にいたのでよく芋焼酎を飲んでいました。しかしながら、お酒の良いところでもあり、欠点でもあるのは、話が盛り上がらなくても「つながった」感覚に陥ってしまうことです。

この本で唱えている「ピンポイント人脈」はもっともっと直感的なものです。お酒などのアルコールに頼らず、「あ、この人と一緒にいると楽しいな」などといった感覚から生まれる「好きな人」とつながるということです。

お酒はもちろん楽しむときは楽しんだらいい。ただ、これから「人脈」をつくるときは、そればかりに頼らないほうが得策です。

イベントに誘い、熱量を維持しながら相手を理解していく

今の世の中は毎日のように面白いイベントが開かれています。

私はイベントの情報が、Facebook や Twitter で流れるとすぐチェックして自分あてにメールをします。SNSだけでなく、街の中の市民プールや飲食店に貼ってあるイベント情報はひたすらメモをして記録します。

仕事や情報共有までネットでできてしまう現代において、バーチャルな空間ではなくて直接人が集まることの価値は高まっています。音楽のライブやフェスが一種のブームなのもそのためでしょう。

もちろんメモしたイベントのすべてに行くわけではないのですが、その中で面白そうなものがあれば、ピンポイントでつながりたい同僚、友人、仕事先の人を誘います。

そしてイベント中に話されたことについて相手の反応を見たり、自分の意見を伝えたり。あるいは質疑応答のコーナーでどちらかが手を挙げて質問をすれば、相手の意外な一面が分かって距離が縮まります。

いまどきのイベントはすぐにブログやレポート記事が出てあとから内容を知ることもできます。

しかし、その**当時の観客の熱気や話し手の表情など「現場だからこそ分かる」雰囲気を共有すること**は相手との関係維持につながります。

特に仕事をするうえでは、相手の「思考回路」を知っておくことは必須です。

たとえば、あるイベントの起業家のスピーチで「たくさん失敗をすることこそ成功のもとだ」という話を聞いたとします。一緒に行った人が、「本当にその通りだ。私もどんどん失敗したい」と言うタイプなのか、あるいは「僕は反対だ。失敗を避けるに越したことはない。あの人はもっと計画的にビジネスをするべきだった」と感想を述べるかどうかで、新しい企画を始めるときの関わり方の参考になります。

あるいは人の話したことを「素直になんでも吸収するタイプ」なのか「すこし批判的に聞いて自分の意見を大事にするタイプ」かどうかもわかります。イベントは相手の「素」が分かる場でもあります。

「人脈爆発期」をつくって、内向的な自分をたまに変えてみる

これまでの話と矛盾するようですが、気が合うままに、自分の本能に従って人とつき合っていくと、だんだん人脈が「停滞」していくことがあります。

まず何よりも、内向的で、「好きな人」とだけつき合っていることは非常に大事です。

ただ、私はたまに「人脈爆発期」をあえて自分の生活の中に採り入れるようにしています。**自分の中の「制限」を取っ払って、ある一定の期間だけ、大勢の人と触れ合ってみるのです。**

私は以前、ブルーボトルコーヒーの六本木カフェに読者を呼んで、400人以上の方にハフポスト編集部がコーヒーをごちそうするイベントを5日間連続で行いました。

すべての日に店頭に立ち、次から次へと押し寄せてくる人に対して、体力が許す限り向き合ったのです。その中には「今度こういう企画をしよう」とか「こんな広告をメディアに出したい」という話もありました。

「こんな面白い人がいるから取材してほしい」という依頼もありました。その一つ一つに、真剣に答えていきました。

私のFacebookのメッセンジャーは大量のお便りであふれました。

この「人脈爆発期」においては、一生懸命に返信しました。1時間や2時間かかることもあり、終わるとヘトヘトになり、ウイスキーを飲まないと、眠りにつけないほどでした。

もちろん、毎回こんなことをやってしまうと疲れてしまうし、「人脈モンスター」と同じ穴のむじなになってしまいます。

これは「一時的なカンフル剤」のようなものです。

新しい人脈を築くだけでなく、内向的な人が一瞬だけ「外向的」になることで、自分のことを改めて見つめ直すきっかけになるのです。

「人脈爆発期」において、多くの企画や面会の依頼が来ても、当然のことながら、全部は実現しません。スケジュールが合わなかったり向こうの情熱がなくなったり、事情が変わったりしてしまうこともあります。そうすると、企画は立ち消えになります。

もちろん大事な提案について、できる限り調整する努力は必要だと思います。そうしないと「失格」です。

ただ、少し誤解を恐れずに言えば、いろんな人と出会って企画がたくさんあっても、担当の方の強い思いがあるものに対してだけ真剣に取り組めばいいと開き直ることも大事なのではないでしょうか。

生放送の配信サービスSHOWROOMの前田裕二社長は、ベストセラーの著書『メモの魔力』の中で、元ライブドア社長の堀江貴文さんや、幻冬舎編集者の箕輪厚介さんは、目の前の面白いことに飛びついて形にしていく「ボトムアップ型」の仕事術が特徴だと書いています。

前田さん自身は、それとは真逆で、計画や目標を立て、そこに向かって突き進む「トップダウン型」タイプ。SHOWROOMを立ち上げたときや、その前に働いていたUBS

証券にいたときは「何年後までに売り上げをここまで伸ばす」というゴールをもとに、人とのつき合いも断っていたそうです。

しかし最近は「ボトムアップ型」の動き方に変更しつつあるといいます。これには「社会の変化」があるからだ、と前田さんは本の中で書いています。

いまの社会は、お金よりも心の共感や人の助けに頼る「価値経済」が台頭している。それなのに、ゴールから逆算してドライに仕事をすると「人間味がなくなり、共感者を集めにくくなっている」というのが理由です。

いくら「逆ピラミッド型」の組織への変化を意識し、好きな人とつながり続けても、どこかで硬直化するリスクがあります。そうなると、自分の仕事も「トップダウン型」になり、いつの間にか人間関係が色あせてきます。

意識的に「人脈爆発期」を設けて、たえず自分の人間関係をアップデートしてみてください。

イベントも内向的な人のために企画する

ブルーボトルコーヒーのイベントは、実はハフポスト日本版の5周年を祝うためのものでした。私はどうしても大きなホテルでたくさんの人を呼ぶ集まりが苦手です。コーヒーのイベントでは普通のメディアとは異なるやり方で読者や関係者にお礼を伝えようと思っていました。同社の広報を担当する徳田匡志さんと企画しました。

こだわったのは、ゲストもテーマもないイベントです。自分のことを内向的だと感じている方にも来ていただけるようにただ単にコーヒーを飲みに来て雑談するだけですむようにしたのもそのためです。

中には一人で来てコーヒーを1杯すすり、私と二言三言交わすだけの人もいました。読書だけをして帰った大学生、スマホでイベントの様子を写真で撮り、静かにTwitterに感想を書いてくれた会社員。

いろんな方が訪れましたが、来場者にはあえてこちらからは話しかけませんでした。好きな時間に来て好きな時間に黙って立ち去れるようにしたのです。

イベントは大成功でした。一人でコーヒーのひとときを楽しむ人や気の合った人と会話をする人たち。それぞれが自分の時間を過ごしてくれました。千葉県に住む、ある営業職の30代の女性は、保育園の子どものお迎えを夫に任せて来てくれました。夫は外資系金融機関で働いていて、なかなか子どもの面倒を見てくれないと言います。それでも「ハフポストがこんなイベントやっているから、行ってもいい？」と言ったら、あっさりと「いいよ」と返事をくれたそうです。

今まで夫に遠慮していて、子育てを分担することができなかったけど、勇気を出して一言を伝えたそうです。この女性とは当日、名刺交換をしただけですが、後日メールでこの事実を教えてくれました。

多くのイベントは、「働き方改革」だったり「人工知能と経済」だったり、壮大なテーマを掲げ、その後の交流会に時間を費やします。

でもみんながみんな、「人脈モンスター」のように大げさな人づき合いがしたいわけではないはずです。

メディアとして、今後もブルーボトルコーヒーのイベントのような場を提供できればと思っています。ぜひ、あなたも、ピンポイントでつながりたい人を誘って遊びにきてください。

好きな人との「熱気」を保つ

・好きな人が声を上げていたら、
必ず振り向く

・キラークエスチョンを
自分に向け投げかける

・SNSやnoteで発信を続ける

・違和感があること、面白いことをやり続ける

・アルコールに頼らない

・イベントに誘ってみる

・「人脈爆発期」をつくる

・内向的な人のための
イベントを企画する

PINPOINT

ステップ③
変化の激しい時代のチームづくり

目の前の課題は個人ではなく、チームで乗り越える

さて、好きな人を見極め、つながり、熱量を維持した後は、ピンポイント人脈をチームにしなければなりません。

しかしながら、「チームのつくり方」を説明する前に、なぜ今の時代にチームが必要なのかについて考える必要があります。

そのためには、今がとても不安定な時代であることを、もう一度認識しなければなりません。

少し遠回りの議論となりますが、私たちがいま生きている世界の情勢を大きな視点で見

ていきたいと思います。

かつて経済大国だった日本は、中国に追い抜かれました。

国連の予算を加盟各国で分担する、「国別分担率」でも、2019―2021年は中国が2位に浮上し、日本は3位に後退。それまで日本は当時のソ連を抜いてからずっと2位の座にありました。今後は、国際的な発言力も低下していくでしょう。

加えて、これから多くの外国人労働者が日本に入ってきたり、AIが普及したりすることで産業がガラッと変わります。様々な場で引用されている、オックスフォード大学のマイケル・A・オズボーン准教授の予測では、「10～20年以内に自動化され、消える可能性が高い職業」に、アメリカの半分近くの仕事が挙げられています。

銀行の融資担当者、不動産ブローカー、レストランの案内係、弁護士助手、ホテルの受付係……。私たちがふだんの生活で目にする身近な仕事が消える可能性があります。

さらに、かつては頼りになっていた「地域」もどんどん崩壊しています。

私は朝日新聞の記者として約10年、宮崎、佐賀、北九州などに住んだ経験があります。

取材でも新潟や関西などの地域を回ってきました。どこもかしこも、シャッターがおりた商店街が目立ちました。

人口が減って閉鎖になる小学校もありますし、買い物や遊び場だけでなく、祭りなどの伝統行事もどんどん減っています。そして都心部では人の出入りが多く、なかなか「地域の仲間」を頼るわけにはいかなくなっています。

あるいは「家族」や「親類」。核家族化が進み、縮小されていっています。そして、共働きが当たり前の時代。「働くお父さん」「専業主婦のお母さん」というテレビアニメ「サザエさん」のような「昭和の典型的な家族像」は失われつつあります。

人は一人では生きられないのは事実です。しかし、国家、企業、地域、家庭などの頼れる仲間が集うコミュニティがどんどんと失われて衰退していく。私たちにできることは、何でしょうか。

それが、ピンポイント人脈で自分だけのチームをつくることなのです。

「好きな人」とお金の関係になって、プロ同士の関係をつくる

これまで、本書では個人個人の内面にスポットライトを当ててきたため、仕事のうえで最も大事なことの一つである「お金」についてはお伝えしてきませんでした。

しかし、これまで学んだ技術で見つけた人たちとの関係を維持し、よりきちんとした仕事の成果を出すためには、「お金」のやりとりが不可欠になります。

報酬を払ったり、あるいは自らが給料をもらったりすることで、初めて「好きな人」同士の集まりはプロフェッショナルな「チーム」になるからです。

内向的な人が、他人とチームをつくる。一見矛盾していて、ハードルが高いことですが、大丈夫です。いくつかの手段を使えば、誰もが立派なチームを作ることができます。

私はハフポストの編集長になってから、雇用制度をいくつか変えてきました。1週間に2回だけ出勤する人、フリーランスのライターとしてハフポストに寄稿し、編集部を「臨時オフィス」として使う人、あるいは数ヵ月のプロジェクト単位で仕事を請け負う人など、それぞれのライフスタイルにあった契約書を一気に増やしました。もちろん本人と話

し合ったうえで、正社員を希望する人には、できるだけそうなるよう議論を重ねています。

「好きな人」とつながりが持てたら、思い切って契約を結んで、会社の業務として仕事を頼んでみましょう。

社内の人事担当の部署に聞けば、様々な雇用制度があるはずです。年俸契約、業務委託、インターンシップなど、うまく生かされずに眠っている契約書があると思います。

かつてこうした非正規型の雇用は、経営者が自社の都合で雇ったり契約を切ったりしたりするための「雇用の調整弁」として、ある意味「悪用」されてきた面もあります。しかし、副業やフリーランスが一般的になった今、お互いの合意のうえでポジティブに活用することができるようになりました。

お金のやりとりが発生するということは、「依頼」と「納品」という新たな結びつきが生まれます。そこには「締め切り」があり、これまでの温かい結びつきを超えた、少しシビアな関係性が生まれます。

もちろん、それによって関係が崩れることもありますが、より信頼関係が強固になる可能性もあります。仕事をお願いするときは、きちんとしたメッセージを伝えて、自分の望むべきアウトプットを相手に伝えなくてはいけません。

仕事を受けるほうも、疑問があったらきちんと質問をして、「締め切り」という約束を絶対に守る必要があります。


何を当たり前のことを言っているのだ、とも思われそうですが、この基本である「依頼」と「納品」の緊張感ほど優秀なチームを基礎づけるものはありません。

社内の人に頼んだり、長年つき合いのある人に仕事をお願いしたりすると、どうしてもこの緊張関係が緩み、なあなあになってしまいます。

中にはわざと緊張関係を緩くすることで、お互いの仕事をやりやすくしていた面も日本企業にはありました。グループ会社や系列会社に対して、上から目線の無理難題をふっかけていた例も聞かれます。しかし、それはこれまで見てきたような、硬直化した古い組織の慣習です。


「自分と合うな」と思っていた相手は、お金の関係になったらどう変わるのか。

締め切りを守らないルーズな人だとわかったり、あるいは言い訳ばかりを並べたりしてきちんとしたアウトプットができないかもしれません。

もちろん、逆もあります。締め切りをきちんと守り、自分の指示に対して想像以上の商品や企画を出してくる人もいるでしょう。

自分が仕事を受ける場合は、自分のライフスタイルのことまで考えて、スケジュールを立ててくれる相手であることを改めて発見することもあるでしょう。

大丈夫です。これまで心の声に耳をすませ、この人はいいな、と思ってきた自分の直感を信じる。お金の関係になっても、その絆が崩れるどころか強化されることもあります。

強化されれば、まるで会社に昔からあった部署のように、組織力がアップして、仕事の生産性が何倍にも上がることだってあるはず。

お金は、「個人」同士のつながりをチームに昇華させるための秘密のスパイスなのです。

メッセンジャーのグループに印象的な名前をつける

お金の関係によって「チーム」ができてきたら、コミュニケーションをどんどんとって仕事を進めていきましょう。

様々な方法がありますが、簡単でおすすめのものは、FacebookやLINEなどのメッセージ機能を使って、グループをつくることです。

たとえばこんなことがありました。

タカオミさんというカナダ在住経験がある20代のクリエイターがつくった動画ベンチャー企業と打ち合わせをしていたときのことです。ハフポストは女性のエンパワーメント（女性活躍）を積極的に応援する記事をたくさんつくってきました。そして、そうしたメッセージを動画で表現したいと私は思っていました。

そこで、タカオミさんに相談し、動画をつくってもらうことにしました。これまでこの本でお伝えしてきたようなノウハウを使って、タカオミさんは「この人だ」と思える方だなと思っていました。自分の心の声にも耳をすませてみました。

タカオミさんとの打ち合わせにはハフポストの女性と男性の編集者、先方の女性スタッフも参加していました。そこでは、社会での男女格差を表すジェンダーギャップ指数について話しました。日本はこの指数が、世界で110位と極めて低い状況にあります。女性政治家や女性閣僚は少ないですし、女性の管理職比率も先進国と比べてまだまだ低い。

こうした課題をタカオミさんも含めてみんなで話し合いました。そこでは、女性の社会的不平等を考えることは、男性中心社会を見つめ直すことだという議論になりました。

私自身もそうですが、育児をしながら「24時間働く」ことは大変むずかしいです。でも、それを求められてしまう。そうしたかつてのモーレツ型の男性的な働き方を見直す時期が来ているという話に対してみんなで盛り上がりました。

仕事の枠を超えて、お互いが自分の内面と向き合って話し合っているとき、私は少し時間を延ばしたうえで、あえて関係ない話をして深い会話をするようにしています。

さらに、私は打ち合わせの際にお菓子を用意し、それをみんなで食べながら会話ができるようにすることが良くあります。

タカオミさんとの打ち合わせでは、私が神田でよく行く甘味処から仕入れた「あんみつ」をみんなで食べていました。そこで、タカオミさんとの打ち合わせは「あんみつの会」と名付け、打ち合わせの後につくったFacebookメッセンジャーのグループ名を「あんみつの会」に設定したのです。

いまはSNSのグループメッセージの機能を使えば、誰でも集まりに好きな言葉をあてることができます。子どもっぽいことではありますが、「女性のエンパワーメント動画作成プロジェクト」など、堅苦しいプロジェクト名をつけないことにはちょっとした理由があります。こうした一風変わった名前をつけることで、打ち合わせのときの熱量や感触など「生の感情」をいつでも思い返せるようになるからです。

先ほど散歩の話をしましたが、一緒に何かを食べるような「非言語的なコミュニケーション」はチームの仲間意識を生み、その後の仕事において始めた当初の理念に何度も立ち返るうえで大切なことです。

メッセンジャーでやり取りし、細かなニュアンスを共有する

一度メッセンジャーグループができれば、あとはやりとりを活発にして、それこそ1章

で見てきたような「高速の情報交換」を重ねることをおすすめします。

私はこのグループに対して、タカオミさん向けに、好きなCMの動画やニュース動画のリンクを送り続けました。電車の中の移動時間や、街中を散歩しているときなど思いついた瞬間に、スマホを取り出して、とにかく送信するのです。

そうすることによって自分の好みの動画について感覚が共有できますし、返ってくるリアクションによって、その人の好みが分かるようになります。

タカオミさんはその後、ハフポストが進めるニュース動画事業において、事業のPRと視聴者獲得を増やすための Twitter 向け動画を作成してくれたり、メッセージ動画を制作してくれたりしています。ソーシャルメディア時代の動画の専門家はハフポストでも数が少ないので、非常に貴重な仕事を担ってもらうことができました。


テクノロジーが急速に発展する現代では、新しい職業を日々生み出していかないと、世の中の変化についていけません。たとえばメディアで動画を制作できる人材は、それこそテレビ局に行けばいくらでもいます。フリーランスのビデオ作家もたくさんいます。

ただ、視聴者が動画を観る場がテレビや映画館から、スマホに移り変わったことで、求められるスキルが日々変わってきています。タカオミさんは、どこかのテレビ局で働いた経験があるわけではないのですが、スマホ向けの動画を制作し、編集するのがとても得意です。

スマホユーザーという新しいお客さんに向けて、適切な商品を届けるために必要な人材はなかなかいません。

こうやって個人としてつながった人を会社に招き入れ、チームとして仕事をすることが、新たなビジネスチャンスをつかむためのきっかけになるのだと思います。

自分だけの「チーム組織図」をノートに書く

チームができてきたら、その図をノートに描いておくこともおすすめです。

会社がつくる「組織図」のように、自分だけの部署をつくってみて、個人的つながりで生まれた「チーム」を図説するのです。

しかし会社の「組織図」と違う点があります。それはあなたのチームのメンバーには、

「一つの決まった役割」があるわけではないということです。

もし会社の組織図があるなら、パッと眺めてみてください。「営業部」「人事部」「総務部」「経営企画部」「商品開発部」――。いろいろあると思います。どんなことをやっているのか大体は想像がつくのでしょうが、「中の人」とあまり話したことがない部署もあるかもしれません。

「私たちの部署は頑張っているのに、あの部署の連中は好き勝手にやっている」「あそこがあるから会社が成長しないんだ」。そんなネガティブな感情が浮かんでくる可能性もあります。これまで見てきたように「個人」がダイナミックに動いている社会なのに、どうも会社の「組織図」は硬直化して見えます。

もちろん、ピンポイント人脈で築いてきた仲間たちは、そうやって一つの「部署」にとどめておくにはもったいない存在です。

まずノートを取り出してみてください。そこにあなたの仲間の名前を書きます。7人ぐらいがとっかかりとしては良いでしょう。

次に、名前の周りに大きな○を3つ描いてください。色分けしてもいいです。たとえば私自身のことを描くとしたら初めに「竹下隆一郎」と書きます。その周りに緑色、青色、紫色の○をかきます。どれも私が好きな色です。

それから、○の中に得意なことを「〜力」という風に書きましょう。私だったら「文章力」「企画力」「英語力」。ほかにも、Aさんだったら「交渉力」「イベント力」「動画力」。Bさんだったら「データ力」「英語力」「食べ物力」とします。日本語としてちょっとぐらい変な「○○力」になっても、気にしなくて大丈夫です。

そうやって7人分を書いていくと、自分のチームのことを立体的に把握することができます。この組織図は、会社の部署のメンバーなど決まったグループのメンバーではなく、あなた個人のピンポイント人脈をもとに描いてください。

何か仕事をするとき、プロジェクトをするとき、イベントを開くときはこの「自分だけのチーム図」を見つめ直してみます。AさんとCさんの共通点が多いな。今回はBさん中心のプロジェクトにしよう。そんなふうにアイデアがわいてくるはずです。

この組織図を生かすのはプロジェクトやイベントでなくともかまいません。何でもいいんです。自分のポケットマネーでミニイベントを開いたり、普通の食事会を主催したり。そういうときもこの組織図をもとに考えると、動きやすくなります。

これまで思いつかなかったような意外な組み合わせが頭に浮かぶことだってあるでしょう。時々、○に書いた「~力」のアップデートもしてください。

これまでAさんの得意分野だと思っていた「○○力」に関して実は苦手だったり、時代遅れになったりすることもあります。また逆に新しく「イベント開催力」など今までにない能力を身につけていることだってありえます。

常にスキルが入れ替わるのが、個人の力がパワーアップした現代社会の日常です。

この組織図を描いてピンポイント人脈をチームにまとめ、変化の激しい時代を乗り越えていきましょう。

ピンポイント人脈を組織図にする

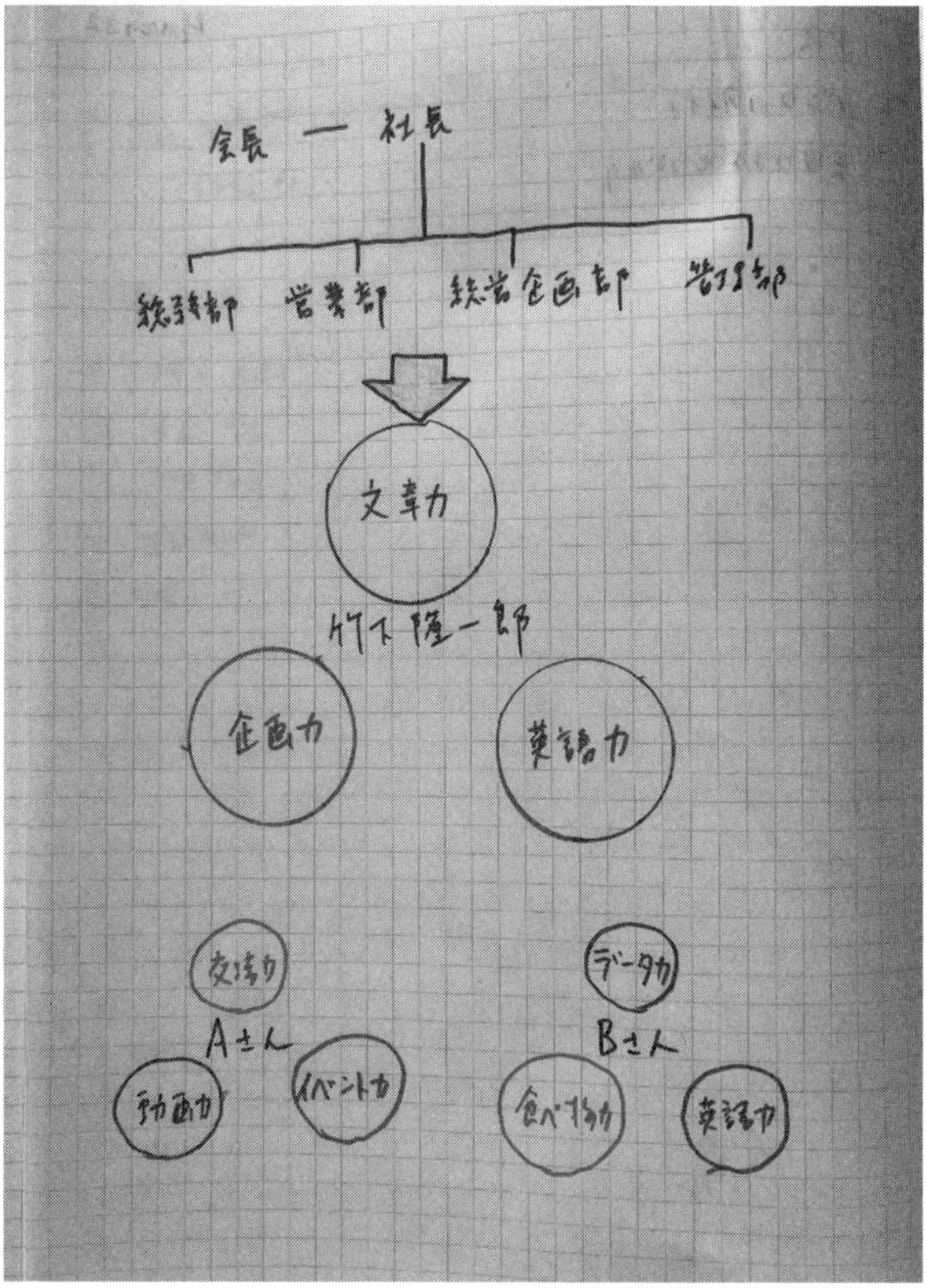

組織図に書くことで
ピンポイント人脈をチームにまとめる

「好きな人」とさようならをする覚悟も持つ

出会いには別れがつきものなのは世の常です。

最後に、ここまでお伝えしてきたことと少しだけ矛盾をするようですが、こうやってピンポイント人脈を築いてきた人と合わなくなったり、一緒にいられなくなったりすることはある、ということをお伝えしようと思います。

それは悲しいことではありません。結局私たちは、最後に「死」という永遠の別れによって、どれだけ親しい人とも離ればなれになるのです。それが人生の最後なのか、途中なのか。その違いしかありません。

名前は出しませんが、私は信頼していた仕事のパートナーで、いまでは音信不通の男性がいます。

彼はメディア業界を変え、新しいことに次々挑戦していく人でしたし、今でも変わらないのでしょう。しかし、私との間にあるとき大きな諍《いさか》いがありました。

私は話がうまくなく、相手の嫌なところをストレートにいわず、回りくどく伝えることが多く、そのときに私が発した言葉が、彼を傷つけました。

逆に彼は、私の目にはどんどん保守的になったように見え、「良いアイデアだけど、いまは時期が早い」「もう少し待とう」という「YES、BUT」の言葉が増えたように思いました。

最後は私も彼の腕時計の色が嫌いになるほど、なぜか心理的に受け付けなくなってしまいました。

私にも未熟なところがあったのでしょうし、彼にもダメなところがあった。

そういうとき、お互いが歩み寄ることも大切です。

でも、磁石のN極とS極のように、どうしても相容れないときがある。

そんなときは別れましょう。その分、また新しい出会いが待っているのだと思います。

そしてそれは一見冷たいことですが、この「個人が動くダイナミックな社会」では私たち一人ひとりが引き受けなくてはいけない宿命なんだと思います。

ピンポイント人脈を結んだ好きな人であっても、合わなくなることがある。

そんなときは、覚悟をもって別れるという選択肢があることを、忘れないでください。

そんな悲しい結末を前もって予測していくこともピンポイント人脈を深く知るコツであります。

おわりに

正直に言うと、この本を書いて良かったのか、私は今でも迷っています。

ピンポイントで人とつき合うことは、交流する人たちの数を減らし、人を区別することのように聞こえてしまう心配があります。

好きな人とだけつき合おう、というメッセージは、たくさんの読者に支えられているニュースメディアの編集長としては誤解を生むでしょうし、今後の取材やビジネスにダメージを与える可能性が十分にあります。

それでも、書こうと思ったのは、今の社会では「つながること」を考えることがメディアとして最も大事なことだと感じたからです。自分が寝ても覚めても考えていること、それが「つながること」についてだったからです。

いま、世界各地では「分断」が起きている、と言われています。たとえばアメリカではトランプ大統領が自分の支持者と、それ以外の市民、メディア、政治家を「敵と味方」に分けるような発言を繰り返しています。EUでは、移民や難民を社会から排除しようとする動きもあります。日本でもSNSなどでアジアの特定の国を揶揄するような「ヘイトスピーチ」が目立つようになりました。限られた「仲間たち」と一緒に狭い場所に閉じこもって、お互いがお互いを遠ざけている。つながるどころか、時には憎しみあっている――。

そんなふうに語られることも少なくありません。

しかし、ハフポスト日本版の記者や編集者たちがあちこちに行って取材をしていると、別の風景も見えて来ます。もちろん分断をあおるネット右翼など「特定のグループ」は日本にもいるのですが、社会全体でみたら数パーセントの規模です。それより、私が目にするのは、地域も家庭も職場も少しずつバラバラになり、取り残された個人がポツンとしているような状況です。働き方や生き方に対する考えは多様になり、価値観が異なる人たちがたくさん出てきました。分断にすらなっていない、小さなグループが無数にあるようなイメージです。こんな時代、人はつながっていけるのでしょうか。

日本は明治以降、全国各地の藩をひとつにまとめ上げ、国家をつくりました。みんなをまとめるために、天皇制を利用した部分もあり、いびつなナショナリズムをつくりあげました。

戦争に負けて反省はしましたが、その後の日本社会の歩みも、実に集団主義的でした。同じようなランドセルを背負い、同じような教室で、同じような授業を受けて育つ。同じような時期に卒業し、同じようなタイミングで就職活動をする。そのあとも、年功序列と終身雇用に象徴される大企業文化によって、またしてもまとまった集団で突き進んでいました。

バブルが崩壊し、インターネットが登場し、個人の力が注目されるようになりました。「安定したサラリーマン像」は崩壊しました。平成の30年間がかかりましたが、少なくともそういうことに人々は気づきはじめています。副業やフリーランスが注目されているのもその象徴です。

ネットによって、家に一人でいても仕事ができます。小さなノートパソコンやスマートフォンによって、かつて人類が所持したことのないような、情報をコントロールする力を私たちは手に入れました。お金の取引もネットにさえ接続すれば簡単にできます。

個人の力が増大した。できることが増えた。一人でも生きていける。バラバラでいいじゃないか。組織なんてつくらなくて良い。集団主義的な日本の社会が崩れ始めて良かった。孤独バンザイ！――。「内向的」な私はそんなふうに思いがちなのですが、結局のところ、私は個人では生きていけないのだなという、当たり前だけど大事なことに、いつもふと気づかされます。

私は一人では生きていけない。いろいろな人と〝勝手〟につながってしまう。

たとえば、朝起きる、とします。朝食のテーブルに並べるのは、ご飯、納豆、卵焼き。お米は九州、納豆の大豆は北海道から、卵焼きはコンビニで買ったものです。コンビニで働く人、トラックで商品を運んでくる人。卵焼きを介して、私はいろいろな人とつながっています。

ご飯を食べたあとスマホを見ます。会社のメンバーからSlackのメッセージが入り、部下と自分の朝がつながります。ＬＩＮＥを開いてみることもあります。卒業以来20年間会っていない高校時代の同級生たちが連絡を取り合い、「ＬＩＮＥグループ」をつくって久しぶりの再会を計画しているようです。Facebookのメッセージも次々読みます。

私の個人情報は、様々なネットサービスを通して、どこかの企業がマーケティングや今後のＰＲ戦略につかうためのデータの一部になっていることでしょう。ここでも図らずもつながってしまいました。

アメリカに住んでいる編集部のメンバーからメールが来ていることもあります。その間、私は歯を磨き、会社へ行く支度をします。電車の中で、再びスマホを見て、アメリカの編集部から来たメールに返事をするため、Googleドキュメントを使って資料をつくります——。

どうしても誰かとつながってしまう。

もちろん、人間は一人で生まれて一人で死ぬ存在です。

そして、本音ではどこか、わずらわしい他人とは離れて、一人で生きていきたいと思ってしまうことがある生き物なのではないでしょうか。

でも、どうしても誰かとつながってしまう。

この「どうしてもつながってしまう」感覚が恐ろしさと不思議さと、ちょっとした心地よい興奮を私に与えます。一人で生きたい、自由に生きたいと思っていても、森の中に逃げ込んで自給自足の生活でもしない限り、私たちはつながっている。

つながってしまう時代において、つながるとは何かを考えたい。

そして受け身でつながってしまう人間関係とは別に、自分の好きなようにつながりたい。自分のふだんの生活圏から飛び出して、会ったことのない人の隠れた魅力に気づいて一緒に仕事やプロジェクトをやりたい。

人嫌いでも、怖くはない。時々勇気を出して進んでいく。

自分の好きな感情や直感を信じていく。


そんな思いで書いた本です。


自分の個人的な課題でもありますが、この時代のメディアを運営する者として、人と人がつながる場をつくることも大きな使命だと感じています。

ハフポスト日本版が発信する記事や動画などのコンテンツを通して、あるいは私たちが街中で開くイベントにおいて、読者同士がつながって会話をするきっかけづくりに今後も取り組んでいきたいと思っています。

そしてそれは集団主義的でもなく、バラバラのままの個人でもなく、新しいチームのような「つながり」。

この本もまたそのきっかけになることを願っています。

２０１９年４月
ハフポスト日本版編集長　竹下隆一郎

ハ　フ　ポ　ス　ト　ブ　ッ　ク　ス

ここから会話を始めよう

世界では「分断」が起きている、といわれています。
だが、本当でしょうか。

人は本当に排他的で、偏屈になっているのでしょうか。

家族の間で、学校で、オフィスで、そして国際社会で。さまざまな世間でルールが大きく変わるなか、多くの人は、ごく一部の対立に戸惑い、静かに立ち止まっているだけなのではないのでしょうか。

インターネットメディアのハフポスト日本版と、出版社のディスカヴァー・トゥエンティワンがともにつくる新シリーズ「ハフポストブックス」。
立場や考えが違う人同士が、「このテーマだったらいっしょに話し合いたい」と思えるような、会話のきっかけとなる本をお届けしていきます。

本をもとに、これまでだったら決して接点を持ちそうになかった人びとが、ネット上で語り合う。読者同士、作り手と読者、書き手同士が、会話を始める。議論が起こる。共感が広がる。自分の中の無関心の壁を超える。

そして、ネットを超えて、実際に出会っていく。意見が違ったままでも一緒にいられることを知る。

それは、本というものの新しいあり方であり、新しい時代の仲間づくりです。
世界から「分断」という幻想の壁を消去し、私たち自身の中にある壁を超え、知らなかった優しい自分と、リアルな関わりの可能性を広げていく試みです。

まずは、あなたと会話を始めたい。

2019年4月

ハフポスト日本版編集長　竹下隆一郎
ディスカヴァー・トゥエンティワン取締役社長　干場弓子

ハフポストブックス

内向的な人のための スタンフォード流 ピンポイント人脈術

発行日　2019年　4月20日　第1刷

Author　竹下隆一郎

Illustrator　小林祐司（本文図版）
Book Designer　佐藤亜沙美

Publication　株式会社ディスカヴァー・トゥエンティワン
〒102-0093　東京都千代田区平河町2-16-1 平河町森タワー11F
TEL　03-3237-8321（代表）03-3237-8345（営業）　FAX　03-3237-8323
http://www.d21.co.jp

Publisher　干場弓子
Editor　大竹朝子　林拓馬

Marketing Group
Staff　清水達也　井筒浩　千葉潤子　飯田智樹　佐藤昌幸　谷口奈緒美　古矢薫　蛯原昇
安永智洋　鍋田匠伴　榊原僚　佐竹祐哉　廣内悠理　梅本翔太　田中姫菜　橋本莉奈
川島理　庄司知世　谷中卓　小木曽礼丈　越野志絵良　佐々木玲奈　高橋雛乃　佐藤淳基
志摩晃司　井上竜之介　小山怜那　斎藤悠人　三角真穂　宮田有利子

Productive Group
Staff　藤田浩芳　千葉正幸　原典宏　林秀樹　三谷祐一　大山聡子　堀部直人　松石悠
木下智尋　渡辺基志

Digital Group
Staff　伊藤光太郎　西川なつか　伊東佑真　牧野類　倉田華　高良彰子　岡本典子
三輪真也　阿奈美佳　早水真吾　榎本貴子

Global & Public Relations Group
Staff　郭迪　田中亜紀　杉田彰子　奥田千晶　連苑如　施華琴

Operations & Accounting Group
Staff　松原史与志　中澤泰宏　小田孝文　小関勝則　山中麻吏　小田木もも　福田章平
池田望　福永友紀　石光まゆ子

Assistant Staff
俵敬子　町田加奈子　丸山香織　井澤徳子　藤井多穂子　藤井かおり　葛目美枝子　伊藤香
鈴木洋子　石橋佐知子　伊藤由美　畑野衣見　宮崎陽子　並木楓

Proofreader　株式会社鷗来堂
DTP　株式会社RUHIA
Printing　大日本印刷株式会社

ISBN978-4-7993-2458-5